結局、自分のことしか考えない人たち

自己愛人間への対応術

サンディ・ホチキス

江口泰子＝訳

草思社文庫

本書によせて

自己愛性パーソナリティ障害を抱えた人間と同じ職場で働く人や、個人的に親しい関係にある人、あるいはその両方の環境にある人たちは、彼らの矛盾した行動や態度を目にして驚き、ひどく戸惑う。自己愛の欲求は「絶えず周囲の承認や称賛を求める」というかたちであらわれる。だがその根底には、ちょっとした非難にも傷つきやすいという脆さがあり、その脆さゆえ、自己愛の問題を抱えた人間は激しい恥の意識を覚える。彼らのような人はカリスマ的で魅力的だったかと思うと、次の瞬間には非常に冷淡で計算高く、予測のつかない怒りを爆発させたりする。

自己愛性パーソナリティ障害を抱えた患者の親や配偶者、子どもたちが直面するそのような戸惑いを、私はこれまでたくさん目にしてきた。彼らは**「患者が自己愛の脆さと防衛のサイクルにとらわれている」**ことに、うすうす気づいているにもかかわらず、その事実をなかなか認めることができない。

私は以前から、自己愛の特徴――とりわけ、彼らの脆さと防衛のサイクル――について、周囲の理解を助ける本があればよいのに、と思っていた。

そしてついに、その願いに応えるような本が出版された。公認臨床ソーシャルワーカーのサンディ・ホチキスによる本書である。とてもバランスよくまとめてあり、読み物としても充分楽しめる。たくさんの文献をうまく整理して、一般読者にもわかりやすい言葉で書かれている。具体的な例を交えながら、専門的な考えが詳しく紹介してある。本書は、この分野の広大な空白を埋める1冊であり、専門家にせよ一般読者にせよ、自己愛性パーソナリティ障害について理解を深めたい人にとって必読の書である。

精神分析的精神療法マスターソン・インスティテュート所長
コーネル大学医学部付属ニューヨーク病院　精神医学科名誉教授
ジェームズ・F・マスターソン医学博士

結局、自分のことしか考えない人たち◉もくじ

第2部 自己愛はどこから生まれるのか

第3部 自己愛人間から身を守る4つの戦略

第4部 あなたのまわりの自己愛人間たち

イントロダクション　彼らはどこにでもいる

あと15分で仕事も終わりだ。今日も忙しかった。電話は鳴りっぱなし。ランチは、休憩室から漂ってきたピザの匂いだけ。それでもこの1週間、ずっと頭を悩ませてきた報告書を何とか仕上げた……。さあ、家に帰っておいしい夕食を楽しみ、バスタブの熱いお湯に浸かって、今夜は早めにベッドに入ろう。

そう思っていたところへ、パーテーションの上からとつぜん同僚の頭が突き出て、あなたの夢想は破られる。「ねえ、ボスが計算を全部やり直せ、ですって」そう言って、あなたのデスクに書類の束を投げ落とす。「悪いわね、手伝えなくて。ジュディと映画を見に行く約束なの」ええっ、またなの？　どうしていつもぎりぎりになってから、わたしばかり残業するはめになるの？

1時間後、疲れたからだでクルマに乗り込み、ようやく自宅へ向かう。一時停止の標識の前で、3人の若者がのろのろと道路を横切る。まったく、もっとさっさと歩いてよ！　クラクションを短く鳴らすと、急いで渡るどころか、クルマのそばまで近寄ってきて、あなたに卑猥な言葉を投げつける。

やっと家にたどり着くと、夫がTVを見ながらくつろいでいる。ソファの前のテーブルには、すでにビールの空き缶が2個転がっている。「遅かったな。夕食は何？」

「昨日の残り物よ！」あなたはキッチンからそう叫び返し、冷蔵庫のなかに何とか食べられそうなものを見つけてほっとする。

「何だよ。朝から、ずっとフライドチキンが食べたかったのに」夫が不機嫌な声で言う。「なあ、たまにはまともな料理をつくったっていいんじゃないか？」

「それなら、そっちがフライドチキンを買ってきてくれればよかったのに！」あなたは小さな声でつぶやく。

お皿を洗っていると、電話が鳴る。あなたの母親からだ。「もう3日も、電話1本寄越さなかったね」いつもと同じく、挨拶がわりの嫌味ではじまる。「あら、お母さん、元気だった？」「元気なもんかい。牛乳はないし、銀行に行く用事は溜《た》まっているし、あのろくでもないヘルパーは、また無断でお休みだ。自分の出世のことだけでなく、年老いた母親のことも少しは気にかけてくれる優しい娘がいたら、どんなによかったか」

そうね、わたしにも、娘がどんな1日を過ごしたか、少しは気にかけてくれる優しい母親がいたら、どんなによかったか。

夜10時。広々とした心地よいベッドの誘惑に応じる。フランネルのパジャマに着替えてシーツに潜り込む。だが、1日はまだ終わらない。「ハニー」夫があなたを引き寄せて、耳元でささやく。「僕がプレゼントした、あのセクシーなランジェリーを身につけてごらんよ」

あのねえ、今のわたしがそんな気分に見える？

この世は時々、思いやりなどまるでない、自分本位な人たちであふれかえっているように見える。彼らは、**相手の欲求よりも自分の欲求のほうがはるかに重要で、何ごとも自分の思いどおりになって当然と考える**。そして、思いどおりにものごとが運ばないと、暴君のように怒り狂ったり、傍目《はた》にも気の毒なほど落ち込んだりする。そのため、波風を立てないように、まわりはついつい彼らの要求に応じてしまう。

彼らのような人たちはどこにでもいる。あなたの親か兄弟、親戚かもしれない。配偶者か恋人、友人、あるいは上司や同僚の場合もあるだろう。そんな彼らの人生とあなたの人生が交差する時、あなたはとても惨めな気持ちを味わう。

家族や恋人、上司であれば、人生に大きな影響を与える。

彼らはパーソナリティ上の欠陥を抱え、自分をすばらしい特別な人間だと思い込み、自己中心的な行動を見せたり態度を取ったりする。**その病の名を自己愛（ナルシシズム）といい、自己愛の強い傲慢な人間を自己愛人間（ナルシシスト）と呼ぶ。**

自己愛（ナルシシズム）は、ギリシャ神話のナルキッソスに由来する言葉である。若く美しいナルキッソスは、その傲慢なふるまいによって神々の怒りを買い、復讐の女神ネメシスから下された罰によって、自分だけを愛するようになった。そしてある日、泉の水面に映った自分の姿にうっとりと見とれ、自分への愛に取り憑かれて、やがてやつれてスイセンの花になった。

自己愛は今の時代にはじまったことではない。虚栄心が強くて貪欲で、相手を操ろうとする人間や、慢心して思いやりのない人間はいつの時代にもいた。ところが厄介なことに、本来は欠陥であるはずのそのパーソナリティ上の特徴が、今の時代には広く世間の承認を得ているのだ。

それどころか、今日、自己愛は美化される傾向にある。有名なリーダーやセレブには自己愛の傾向が見られる。そんな有名人に憧れて、彼らの真似をしようとする人間があらわれる。奔放なセレブの行動がいかにも華やかで、羨ましく思えるからだ。そして、健全な自己愛と、不健全な自己愛との区別が曖昧になってしまう。「誰でもやっているから」を言い訳に、自己愛は当然のものとみなされて社会に蔓延していく。

１９７０年代半ば、社会学者のクリストファー・ラッシュは『ナルシシズムの時代』のなかで、第二次世界大戦後のアメリカ社会を考察した。ラッシュによれば、１９５０年代のアメリカは、繁栄を謳歌する気持ちや安心感、**万能感**（**自分は大きな力を持ち、どんなことでもでき、何でも意のままになるという思い上がった感覚**）に満ちていたという。これらの感覚は１９６０年代前半のＪ・Ｆ・ケネディ政権時代に頂点に達したものの、理想に燃えた若き大統領が凶弾に倒れると、社会にも変化があらわれはじめた。

ちょうどその頃、最初のベビーブーム世代が青春期を迎え、アメリカの苦悩の時代がはじまったのだ。その後の15年間というもの、景気は低迷し、ベトナム戦争に敗北したアメリカは悲観的な時代の空気に覆われた。ラッシュの言葉を借りれば、「期待が薄れゆく時代」に、地平線のバラ色の光は輝きを失っていったのである。

１９５０年代～60年代の意欲的で楽観的な精神は、科学技術に未曾《みぞう》有の進歩をもたらした。ところが１９６０年代も後半になると、若者が切望する政治や社会の変革は、科学技術ではもたらせないことが明らかになった。**躍起になって社会を変えようとした人びとは絶望した。そして、自分がコントロールできる、自分が変えられると思える唯一のもの、つまり「自分自身」に焦点を合わせるようになった。アメリカ人は、**

自己の内面へと意識を向けはじめた。ある意味、「自己に取り憑かれ」はじめたのである。

「自己」は、自分本位、自己中心的、自惚《うぬぼ》れなどの好ましくない特性と結びつく。その反面、自覚や自尊心という言葉と結びつく時には、肯定的な意味合いを持つ。

健全な自己愛は、幼少期に芽生えて、生産的な成人期に満開を迎える。健全な自己愛があってこそ、わたしたちは自分自身や自己の欠点を笑い飛ばせる。自己の内面を深く探って独自のものを生み出し、この世に優れた足跡を残すこともできる。

健全な自己愛とは、自分自身の感情を感じることができ、相手がその時に抱いている感情をも共有できる能力だ。夢見る力を持ち続けながら、現実と幻想とを区別できる能力である。自信喪失に陥らずに、夢の実現を積極的に追い求められる才能でもある。**健全な自己愛は、真の自尊心の上に成り立つ。ところが、自己愛人間には真の自尊心が欠けている。**

不健全な自己愛の持ち主は、精神面や情緒面が完全には成長していない。自分に対する歪んだ認識を持ち、道徳などの内面の価値体系にも欠ける。能力や実績がまったくないにもかかわらず、自分を優れた重要な人物だと思い込む。そして、誰かに欠点を指摘されると、耐えがたい恥の意識を覚える。

彼らには、相手を尊重する能力がない。それどころか、自分と相手とが別の存在であることすら理解できない。自分と他者との区別がつかないのだ。そのうえ、相手の気持ちに気づく能力もない。**彼らの態度の裏には、よちよち歩きの発達段階から成長していない〝2歳児の姿〟が隠れている。**

本書の構成と内容を簡単に紹介しよう。

第1部では、自己愛人間の行動や考え方の特徴を「7つの大罪」として紹介する。自己愛人間には、特権意識や激しい怒り、傲慢さ、万能感が見られる。彼らは境界意識にも乏しい。恥の意識から生じる薄っぺらな感情やねたみが大きな特徴であり、共感性が欠如し、周囲の人間を平気で利用する冷酷さも持ち合わせている。これらはすべて、**相手を犠牲にしてでも未熟な自己を守ろうとする必死の試みである。**

自己愛人間から身を守るためには、まずはその正体をつかみ、彼らの行動や態度の裏に潜む原因を正しく理解する必要がある。**第2部では、自己愛がもともと、誰もが乳幼児期に通過する発達段階の正常な特徴である点について説明しよう。**この時期をうまく通過するためには、親の助けが必要だ。ところが親が自己愛人間の場合は、自分の利益のために我が子を利用するため、乳幼児期にある子どもの自己愛を健全に育てやることができない。そして、次の世代の自己愛人間をつくり出してしまう。

第3部では、自己愛人間の被害から身を守る4つのサバイバル戦略を紹介する。まず大切なのは、自己愛人間に利用されやすい、あなた自身の弱点を認めることだ。幼少期に親の自己愛の影響を受けた人ほど、自己愛人間に敏感に反応しがちだ。自己愛人間の親は、自己愛人間の子どもを育てやすい。そのいっぽう、自己愛の〝鏡像のような子ども〟も育てやすい。すなわち、恥知らずな態度を示す親とは反対に、恥の意識にひどく敏感な子どもや、承認欲求を示す親とは反対に、その欲求を押し隠そうとする子どもである。ところがどちらの場合も、親と同じく境界意識が欠如している。そして自己主張がうまくできないために、成人したあとでも、親と同じような自己愛人間の格好の餌食になってしまい、親に利用されたように、その相手にも利用されてしまう。あなたが自己愛人間とのあいだで、よく嫌な思いをするのなら、その原因を突き止め、自分と相手とのあいだに境界を設定して、相互関係を築く練習をする必要がある。これらは不健全な自己愛から身を守るための最善の自衛策であり、本書ではそれらの戦略についてだけでなく、その基本戦略を毎日の暮らしのなかで実践する方法についても紹介していく。

自己愛人間は、自分を特別な人間とみなす。**第4部では、とりわけ対処が厄介な状**

況について詳しく述べよう。たとえば青春期や恋愛関係では、健全な自己愛かどうかの境界が曖昧になりがちだ。自己愛人間はまた、恥の意識に敏感なために、依存症や強迫症状を抱えやすい。あるいは職場の上司や同僚、高齢の親が自己愛人間の場合には、感情面で距離を置きながらも、相手に対する敬意や共感を失わない、あなた自身の能力が試されることになる。

第5部では、未来に目を向け、不健全な自己愛を抑制する方法について考える。現代の自己愛文化はわたしたちを麻痺させる。その麻痺を食い止めるためには、利己心を超越できる強い真の自己が必要だ。真の自尊心がどこから生まれるのか、その生まれるもとを知って健全な子どもを育てることこそ、今の時代に最も重要な課題だろう。その課題を克服する時、わたしたちはよりよい世界を築けるはずである。

第1部

自己愛人間の7つの大罪

1 大罪その1 恥を知らない

ステファニーは、きれいにラケットを離れたボールがベースラインぎりぎりに飛び込むのを見つめた。ボールの軌道と、自分のからだの動きに意識を集中させる。「ボールを見て」自分に言い聞かせる。「構えて、振り抜き、決める」フォアハンドのたびにその呪文を繰り返す。やがて、アスリートが経験する〝ゾーン〟に入った。

ひそかに笑みをもらし、ハイな気分になって、今日はストロークが冴えていることに夫のダグも気づいただろうかと思った瞬間、重いバックスピンのかかったボールが角度を変えて飛び込んできた。片脚を突き出し、腕を伸ばしてバックハンドでとらえるが、打ち返したボールは大きくコートを逸《そ》れてしまった。

「君には、あのスピンは絶対に読めないんだね」ネットの向こうから、ダグが咎めるような声で叫ぶ。「そうね、絶対に……」そうつぶやくと、ステファニーは、急に自分のなかのタイヤがパンクしたように感じた。苦痛が押し寄せ、胸の真ん中に居座る。足が重くて動かない。「ああ、次も絶対に失敗する」惨めな気持ちでそう思い、三度続けてボールをネットに引っかける。さっきまでの高揚感が嘘のように消え、自分はダメな人間だという気持ちに変わった。こみ上げる涙を抑え、「これじゃ、まるで赤ん坊ね」と自分を揶揄して、帰り支度をはじめる。

「また逃げ出すのかい？」ダグが叫んだ。ただからかっただけだが、その言葉は彼女の傷口に塩を塗り込んでしまった。


何て傷つきやすい女性だろう、と思われるかもしれない。そのとおりだ。ステファニーのような精神的な脆さは、専門用語で「自己愛の傷つき」と呼ばれる。これは、自己愛人間の大きな特徴のひとつであって、周囲の者にはごく些細と思われる批判や非難に対しても、自己愛人間はひどく傷つきやすい。日常のちょっとしたできごとが過去の傷口を開いてしまうために、ほんの些細なできごとが本人には圧倒的な苦痛に感じられてしまうのだ。

ステファニーの場合で言えば、夫が発したちょっとした批判にまず傷ついた。さらに、「また逃げ出すのかい？」という、悪意のないひとことが侮辱を加えてしまった。ステファニーの自尊心は、脆《もろ》い風船が割れるようにとつぜん破裂し、ハイだった気分は一気に落ち込んでしまった。おそらくその原因は、彼女自身も覚えていない幼少期の体験にあるのだろう。そこが、彼女の「恥の感情のハードディスクドライブ」なのだ。

恥は、誰にとっても最も耐えがたい感情のひとつである。

人間はだいたい1歳頃に、生まれてはじめて恥の意識を味わう。たとえば、何か楽しいことや面白いことを母親か養育者に知らせて、一緒に喜んでもらおうとしたところ、思いがけず怖い顔で「ダメよ！」と叱られた時に体験する。この年齢の子どもは、母親や養育者との結合から、自分を「力を持った重要な存在」ととらえている（第2部で詳述する）。ところが、とつぜん「ダメよ！」と叱られると、幼児の万能感は打ち砕かれ、恥の意識を味わう。彼らは突如、母親との楽園から放り出される。叱られたのは、そして嫌な気分を味わうのは、自分が悪いからに違いない、と。

なかにはこの時の体験が強烈すぎて、恥の意識をうまく克服できない子どももいる。こうして恥の体験を克服する方法をうまく身につけられなかった人間は、恥を味わうできごとを生涯にわたって避けようとする。恥の意識に、人一倍敏感になってしまうからだ。最近の神経生物学の研究によれば、社会化がはじまる頃の脳はまだ、強烈な恥の意識を適切に処理できないという。だからこそ、子どもに与えた恥の感情を親が和らげてやらなければならない。

キャサリンには、2歳になる活発な娘のジェニーがいる。ある日、キャサリンの友人が生後数カ月になる赤ん坊を連れて訪ねてきた。ところが、母親の注目を独り占めできなくなったジェニーは怒りのあまり、その赤ん坊を叩いてしまった。キャサリンはジェニーを叱った。そして恥ずかしくて泣いている娘を、しばらくひとりで子ども部屋に行かせた。それでも娘の気持ちはよく理解できたため、娘を長く放っておくようなことはしなかった。少し時間を置いてから娘の部屋に行き、こう慰めたのである。「赤ちゃんを叩くのはいけないことだから、もう二度としてはダメよ。でもあなたはいい子だし、ママはあなたが大好きよ。さあ、ベツィのところへ行って、『ごめんなさい』をしましょうね」そして、娘をしっかりと抱きしめてリビングへ戻り、ジェニーが謝るのを手伝ったのである。

このように、子どもに与えた恥の意識を親がうまく和らげてやらないと、子どもは恥の意識を処理する独自の方法を発達させる。つまり幻想に頼って、恥という耐えがたい感情を防壁の向こうに遠ざけてしまうのだ。そして、自分が特別で、重要な存在だという幻想にしがみつく。

自己愛人間は、恥を感じずにすむ独自の方法を編み出してきた。心理学者が**「回避された恥」**と呼ぶ方法である。その方法によって、彼らは羞恥心や良心に欠けるような行動や態度を取る。**そして回避した恥を否認、冷淡さ、非難、怒りのかたちであらわす。彼らの内部には、恥の感情を適切に処理する健全なメカニズムというものがない。だからこそ恥は外部に向けられ、彼らはこう言う。「僕の責任じゃないね」**

ここで思い出すのは、わたしの治療を受けていたある女性の話である。両親が離婚したあとの彼女は、自己中心的で気まぐれな父親に、溺愛されたり無視されたりして生きてきた。そのせいで、彼女は慢性的な自尊心の低さに苦しんでいた。自分を愚かな人間だと思い、その無能感を行動や態度であらわした。だが、そうした感情や恥の意識よりもさらに深いところに潜んでいたのは、自分は「父親に拒絶され、見棄てられた」という強い屈辱感だった。そしてその痛切な苦悩は、父親が癌と診断された時に劇的なかたちで表面化したのである。

「何もわざわざ、わたしの結婚式の直前になって病気にならなくてもいいのに」彼女の口元は、醜い嘲りで歪んでいた。「あの人は一度だって、わたしのために何かしてくれたことがない」

父親が死ぬかもしれない。今度こそ自分は決定的に見棄てられるのだ、という恐怖が、自分は無能だという恥の意識を超えて、彼女を冷たい憤怒へと押しやった。その冷酷な感情に戸惑うこともなく、彼女は父親に対する侮蔑を露わにしたのである。

恥知らずに見える彼らの態度は、冷淡な無関心さや道徳心のなさに見えてしまう。上っ面の感情しかない、無神経で、自信満々で、お高くとまった人間に見えることもあるだろう。

ところが、彼らが築いた防壁を超えて恥の意識が忍び込む時、**「恥知らずな」人間の「この上なく恥に敏感な本性」が露わになる。**彼らは、軽視されるとひどく傷つく。そして恥の意識を追い払うために、激しい怒りを爆発させて相手を非難する。

不健全な自己愛の奥には恥の意識が潜んでいる。自己愛人間は恥を健全に処理できない。健康な人間のように、恥を覚えるできごとに立ち向かい、その感情を中和して、前へ進むことができないのだ。

2 大罪その2 歪曲して、幻想をつくり出す

自己愛人間は、何が何でも恥の意識を遠ざけようとする。だから、彼らはしょっちゅう窮地に立たされる。なぜなら、人生では誰でも、そう簡単には乗り越えられない屈辱的な体験に何度も直面するからだ。自分よりも美しく、頭がよく、成功した人間はつねに存在する。「完璧な人間などいない」という慰めは、自己愛人間の耳には届かない。彼らは自分たちを、その自然界の法則の埒外《らちがい》にあると考えるからだ。

自分より優れた人間が存在する、という厳しい現実を寄せつけないために、自己愛人間は自尊心を膨らませておく方法を見つけ出す。そのためによく使われるのが、「魔術的思考《マジカルシンキング》」である。一般にマジカルシンキングとは、何かのできごとが起きた時に、因果関係がない別のできごとに原因を見出す思考を指す。たとえば、「ヤツが事故に遭ったのは、あの時、腹を立てた自分が呪いの言葉を吐いたからに違いない」などと考えるのが、典型的なマジカルシンキングである。

自己愛人間にとってのマジカルシンキングとは、現実を無視して、自分を特別な人

間だと思い込んだり、自分が相手や周囲に大きな影響を及ぼせると考えたりすることを指す。彼らは現実を歪曲して、自分がつくり出した幻想や錯覚にしがみつく。

セレスティの話をしよう。彼女は毎年、私邸を開放して、盛大なクリスマスパーティを催す。準備には何カ月もかける。そのあいだ、食事や飲み物、豪邸の飾りつけ、とりわけ自分の衣装のことで頭がいっぱいだ。何よりも重要なのは、歌姫《ディーバ》である自分にふさわしいロングドレスを見つけることだ。なぜなら、パーティの最大の目玉は毎年、息子のピアノ伴奏に合わせた彼女の賛美歌独唱だからだ。

セレスティは、のちに夫となる颯爽とした弁護士に夢中にならなければ、今頃、自分は世界中の壮麗なオペラハウスでカーテンコールに応えていたはずだ、と自惚れている。あの時、夫に懇願されなければ、その天職は諦めなかったのに……。けれども〝神からの贈り物〟である美声は今も健在であり、毎年、パーティに招待する〝自分のファン〟に、その才能を披露すべきだと思い込んでいる。実のところ、呼び出されるほうの招待客は、その災難を何とかやり過ごそうと、しこたま飲んで神経を麻痺させる始末だ。ところが、セレスティは客の苦痛には無関心なうえ、〝彼女のファン〟にとって自分が単にエキセントリックな知り合いでしかない、という事実にも気づいていない。

彼女が幻想に浸るようになったのは、満たされない思いを抱えて、心の虚しさから逃れるためだった。自分の世界をロマンチックに思い描き、自分にも家族のメンバーにも理想的な役柄を割り当てた。幻想のなかの自分は、とびきり優れた才能の持ち主である。夫と息子は物語に登場する英雄であり、彼女のファンは王族で、自分の人生は終わりのないおとぎ話だ。その夢物語のおかげで、彼女は自分を特別な存在だと考え、周囲を支配していると感じられる。幻想を打ち砕くような現実はすぐに無視する。現実が入り込む余地はない。

最近では、家族や知人もセレスティには慎重に対応する。幻想の泡が破裂したとたん、彼女が激しい怒りを爆発させるからだ。

ところが、自己愛人間が全員、自分を幻想の中心に置きたいわけではない。**なかには「隠れ型自己愛人間」も存在する。**彼らは、自分自身が脚光を浴びるのを嫌がる。**そして、華やかでカリスマ的な人間を見つけると、その人の自尊心を膨らませ、その相手にしがみつくことで、自分自身の万能感や誇大感（自分は特別で重要な存在だという現実離れした自己像を持ち、自己意識が膨れ上がった感覚）を満たそうとする。**彼らはお世辞を使って、相手をいい気分にさせるのがうまい。だが、その相手が「特別な人間」だという錯覚が消えてしまえば、相手に対する称賛もすぐに消えてしまう。

あなたが隠れ型自己愛人間にちやほやされていたことに気づくのは、夜の12時を過ぎて、カボチャの横に取り残されたシンデレラの気分を味わう時である。

誰かに特別扱いされ、注目されるという体験は、どんな場合でも酔いしれるような心地よさをもたらす。ところが、**あなたを称賛する相手が隠れ型自己愛人間の場合、その心地よさは唐突に終わりを迎える。**あなたが、彼らの脆い自我を膨らませる役に立たなくなる時、彼らはとつぜん態度を変え、あなた自身も自分の自我から空気が抜ける感覚を味わう。

自分を中心に置く自己愛人間の幻想の世界は、あなたを特別な感覚で包んでくれる。彼らは魅力的で、人をうっとりさせる。その謎めいた華やかさは、あなたを自己愛の罠へと誘い込む。そのような体験が、家族や職場の上司などの重要な対人関係で繰り返される時、あなたは破滅的な影響を受けることになる。自分がいいように操られ、相手の思うままに動かされ、感情のローラーコースターに乗せられているように感じる。**彼らの罠に誘い込まれたら最後、主導権を握るのはあなたではない。**

マジカルシンキング以外にも、自己愛人間が現実を歪める方法がある。それは、彼らの内部にあって恥の意識を誘発する悪い面や感情を、相手に移し替える方法であり、心理学者が「投影」と呼ぶ心の働きである。投影とは、本当は自分のなかにあるが、自分ではそうと認めたくない性質や感情を、あたかも自分のものではなく相手のものとして、その相手に押しつけてしまう心理的メカニズムを指す。

だが自己愛人間の場合にかぎって、わたしは投影の働きを「恥の投げおろし」と呼んでいる。たとえば、性欲の葛藤を抱えた母親がいたとする。その母親は、自分でも受け入れがたい性的な欲求や恥の感情を、あたかも娘のものであるかのように、娘というスクリーンに投影し、10代の我が娘《こ》を「尻軽」などと呼んでしまう。さらにはそのレッテルを娘に受け入れさせ、実際に娘を奔放な行動に踏み切らせてしまう。恥の投げおろしによって、母親は自分自身の恥の意識をうまく払拭できるが、代わりにその感情を受け取ってしまった娘は致命的な影響を受けることになる。

歪曲、幻想、隠れ型自己愛人間による相手の勝手な理想化、恥の投げおろし……。自己愛人間はこれらの手段を駆使して、**不全感（自分は不充分で、価値のない人間だという感覚）**を寄せつけまいとする。だがこれでは、本当の意味で自己愛人間と親しくなることは不可能だろう。自己愛人間に振りまわされたほうは、混乱して、自尊心を失ってしまうかもしれない。

3　大罪その3　傲慢な態度で見下す

自己愛人間が世間に見せる表向きの人格は、たいてい優越感に満ちている。ところが、その傲慢な仮面《ペルソナ》の裏に隠れているのは、膨らんだ自尊心でできた脆い風船である。彼らにとっては、自分が優秀なだけではダメである。非常に優秀なだけでも、まだ充分ではない。彼らにとっては、自分が「ほかの人よりも」優れていなければ何の価値もないのだ。自己愛人間にとって、価値は絶対的なものではない。**つねに誰かや何かと比較して、自分が相対的な尺度で勝《まさ》っていなければダメなのだ。**

彼らの考えによれば、誰かの株が上がれば、必然的に自分の株が下がる。だからこそ、自分が自信をなくした時には、相手をけなし、おとしめれば自尊心を取り戻せる。彼らが高飛車で批判的、完璧主義で権力欲が強いのもそのためだ。自分の欠点から目を背けていられる安全地帯を確保したいのだ。逆風が吹いて、自尊心の風船が割れた時でも、相手が自分より劣っていると証明できれば、自力で自尊心を修復できる。彼らが自尊心を修復する方法は実に巧妙だ。

フランシーヌが治療のためにわたしのもとを訪れたのは、パニック発作がはじまって1カ月が過ぎた頃である。彼女は、抑うつ状態に陥った夫が職を失うことを心配していた。そして、夫婦のあいだには強い性的な結びつきがあり、そのおかげで、問題だらけの結婚生活も何とか乗り越えてきたのだと語った。とはいえ、彼女が夫を見下していることは明らかだった。実際、真剣に離婚を考えていると打ち明けた。

フランシーヌは、自分の話をよどみなく語った。自分は高い教養を持ち、芸術の才能に恵まれている。これまで、いろいろな不運を乗り越えてきた。離婚、薬物依存症、破産。自分は職場で本当の実力を認められていない。それが原因で抑うつ症状にも悩まされてきた……。ところが、彼女は自分の話をどこか他人事のように語り、どれも自分の責任ではないと考えているようなのだ。その超然とした態度は、**自己愛人間に特有の「恥を回避する方法」**だった。苦悩も困惑の色もない。むしろ、彼女の目には、自分が逆境に打ち勝った崇高な犠牲者に映っているかのようだった。

わたしはすぐに、自分の仕事は、フランシーヌの強さを鏡のように映し出すことだと悟った。それ以上の役に立てば、わたしが彼女よりも優位に立つことになる。だがそんな事態を、フランシーヌが受け入れるはずもない。わたしは、自分が彼女の治療の役に立っていない気がした。だが、それこそが彼女がわたしに感じさせたかったことであり、自分が回復するために、フランシーヌは巧妙にわたしをおとしめる必要があった。

わたしをおとしめて優越感を味わいたい、という彼女の欲求をわたしは受け入れた。やがて、彼女は徐々に自信を取り戻していった。それどころか充分な自信をつけて、ライバルと競り合って新しい仕事を勝ち取った。結婚生活の危機も乗り越えた。パニック発作も治まった。だが、フランシーヌを本当に回復させたのは、「並みいる競争相手を抑えて」夢の仕事を勝ち取ったことだったのである。

自己愛人間にとって、競争は自分の優位を確認する手段である。彼らはたいてい自分にとって都合のいい、自分が勝てる競争にしか加わらない。敗北は激しい屈辱をもたらすからだ。彼らはリスクを負わず、努力もなしに自分が輝ける舞台を選ぶ。そして成功を収めると、今度は完璧さを追求しようとし、その過程で周囲の承認を要求する。**「自分を褒めてほしい」と要求するのは、実のところ、自分の優位性に自信が持てずに、エネルギーの補給が必要な時である。**

いっぽう、才能やスキルのない者は、優越感を保つために相手を出し抜こうとする。あるいは有名人の名前を、さもその相手と親しいように口にする。高い地位に就こうとしたり、知ったかぶりをしたりする。自分の優位性を証明したくても、誇る実力や実績がないからだろう。負け惜しみが強い人には自己愛の強い人が多い。自分がベストではない、という事実を認められないのだ。平凡や平均的という言葉も嫌いだ。相手や周囲よりも優れていなければ、自分に価値はないからである。

ところが、彼らはめったに自力では優越感に浸れない。だからこそ承認され、称賛され、脚光を浴びたいと願う。周囲の意見に敏感であり、実績がないにもかかわらず、無条件で認められ、褒めそやされて当然だという非現実的な期待を抱く。

彼らにとって、権力とはただ優越感を確認する手段ではない。相手をコントロールして「自己愛の供給を受ける」手段でもある。権力を握れば握るほど、思う存分、相手をおとしめて自我を膨らませることができるからだ。そうやって、彼らは脆い自我を支えているのだ。

自己愛の根底に潜んでいるのは、現実であれ、想像上であれ、劣等感から生まれた耐えがたい恥の意識を排除したいという欲求である。

傲慢で相手を見下したような態度は、恥の意識を遠ざける絶好の手段だ。今度、あなたが傲慢な人間に出会ったら、そこにあるのは健全な自負ではない。自分には価値がないという、不全感と根深い不安である。そして、その不安をしずめる唯一の方法が、「自分はほかの誰よりも重要な人間だ」と感じられることなのである。

4　大罪その4　ねたみの対象をこき下ろす

自分が持っていないものをほかの誰かが持っている時、優越感を保ちたいという自己愛人間の欲求は妨げられる。「危険発生！　危険発生！」警報が鳴り響く。「制圧せよ！」恥のざわめきを黙らせるために、彼らはどんな手段を用いるのだろうか。

答えは軽蔑である。たとえば、「誰それは、自分で思っているほどたいしたヤツじゃないね」などと言う。その人の実像はまったく関係ない。自己愛人間の軽蔑は、現実には何の根拠もない歪曲である。

自己愛人間は、相手の欠点をいろいろあげつらう。無意識のうちに相手をおとしめて、自分の優位な立場を回復させるためである。自分のなかの侮辱の感情に気づいたとしても（そして、それは必ず正当化される）、彼らは断固としてねたみの感情を否認する。**ねたみを認めれば、自分が相手より劣っていると認めることになる**からだ。

軽蔑は言葉だけでなく、行動や態度であらわされることも多い。ある時、わたしのもとに、ともに弁護士だという夫婦が治療にやってきた。どちらも恥の意識に敏感で、それが結婚生活に深刻な問題をもたらしていた。最初の治療の時に夫が遅刻した。かすかにアルコールの匂いがした。「お宅の植え込みに立ち小便をしたよ」自己紹介の時に夫が言った。一瞬、わたしは言葉に詰まったが、やがて結婚生活の問題を他人に相談することが、彼にとって耐えがたい苦痛なのだと気づいた。きっと、「この俺を裁こうなんて、いったい何様のつもりだ？」などと考えていたに違いない。だから、うちの植え込みを汚し、そのことをわざわざわたしに伝えたのである。

もうひとつ別の例を紹介しよう。聡明な大学院生のジョエルは、わたしにこう打ち明けた。「同じ研究室になぜかイライラするヤツがいるんだ」ジョエルは続けた。「本当にいいヤツなんだけど、結婚していて、なぜかそれが癪《しゃく》に障る。まだ若いというのに、そいつが酒を飲んだり女性を口説いたりするチャンスを逃していることが、気になって仕方ないんだ。同じ年齢なのに、僕は外で楽しくやり、ヤツは結婚している。だけど、彼が結婚していようがいまいが僕に何の関係がある？　なぜ、そのことで彼を見下してしまうんだろうか」

ジョエルは、若い頃に野心を諦めたという、ひどく批判的な父のもとで育った。母親はそんな夫を落伍者とみなしていたらしい。そこで、息子の教育に人一倍熱心になり、よい成績を収めて成功するよう、ジョエルに大きな重圧をかけた。その期待をジョエルは自分の内面に取り込み、その期待を裏切った時に頭のなかで響く叱責の声は、いつしか彼自身の声となって聞こえた。だが、その声を聞くと、彼はいつも怒りがこみ上げてくるのだった。

ジョエルのなかには、いまも彼を支配している批判的なインナーペアレント（内なる親）がいた。そして、彼はそのインナーペアレントに必死で抵抗しようとした。クラブ通い、週末のどんちゃん騒ぎ、好きでもない女性を口説き落とすゲーム。どれも普通の若い男であろうとするもがきであり、辛辣で口うるさいインナーペアレントに、公然と歯向かう必死の抵抗だった。

だがそこに、幸せに結婚して、落ち着いた同じ年齢の男があらわれた。その男は、ジョエルが満たしていない〝大人の男性〟という基準を満たしていた。するとまたしても、インナーペアレントが口うるさく彼を咎めはじめたのだ。「なぜ成長して、責任ある大人になれない？」だが、その声をジョエルは否定する。「僕は悪くない」内なる擁護者が叫ぶ。「僕はただ、健全な若い男のすることをしているだけだ。おかしいのはヤツのほうだろ。考えてもみろよ、24歳で結婚してるだなんて！」

それは「ねたみ」だとわたしが指摘すると、ジョエルは最初、その考えに激しく反発した。もちろん、既婚者だという理由でねたんでいたわけではない。ジョエルのねたみを掻き立てたのは、相手の成熟した雰囲気だった。それに比べて、自分のなんと青臭く未熟なことか。**最善の防御は攻撃である。**だからこそ、ねたみを感じたジョエルは相手を見下しはじめたのだ。

ねたみはたいてい大袈裟な褒め言葉ではじまり、自分をけなす言葉が続く。たとえばこんな具合である。「このチーズケーキ、これまでいただいたなかで一番おいしいわ！ケーキを焼ける人って、心の底から尊敬しちゃう。だってわたし、お料理はまったくダメなの。どうしたらケーキを焼いて、ご自分の会社まで経営できるのかしら。すばらしい才能ね！」まずは大袈裟な仕草や言葉で、キッチン分野の優位を相手に譲って褒めちぎる。そして、自分の優位を道徳の分野で主張する。「確かにケーキは焼けないけれど、わたしほど人を見る目があって、相手を寛大に褒める人間はいないわ。え、え、もちろんケーキはおいしかった。でも、やっぱりわたしのほうが上ね」こうして、ふたたび自分の優位を見つけたとたん、会話の中身はすぐに変わる。もうそれっきり、ケーキの話も相手の才能の話も終わりである。

ねたみは、権力者に対するお追従のかたちでもあらわれる。自己愛人間は、自分のねたみを相手に投影する。つまり、ねたんでいるのは自分ではなく、相手のほうだと考えるのだ。そして、自分はねたまれているのだから、相手に報復されるのではないかと恐れる。そこで、相手の機嫌を取って、その危険な考えや衝動を抑えようとする。それはまた、相手をコントロールしようとする試みでもある。権力者の機嫌を取れば、自分も少しはその権力を手に入れたり、相手の威光に浴したりできるかもしれないからだ。

ねたみは、聖書にもある7つの大罪のひとつである。金持ちや成功者、才能ある者、美しい外見の持ち主が不幸な目に遭うと、わたしたちが強く興味を惹かれる理由もそこにある。人間の心には、有名人が輝かしい台座から引きずり下ろされるのを見てほくそ笑む、闇の部分がある。世間がセレブの欠点や不幸を喜ぶのも、彼らも自分たちとたいして変わらない人間だと確認できるからだ。

自己愛人間は、**自分のねたみの感情にも、優越感を持ちたいという欲求にも気づかない。彼らが感じるのは、ただ独善的な蔑《さげす》みかもしれない。**そしてそれは、またの名を憎悪ともいう。

5　大罪その5　特別扱いを求める

数週間後に結婚式を控えているという若い女性が、わたしのもとに相談にやってきた。「母が口をきいてくれません」彼女は涙ながらに訴えた。そもそもの原因は、花嫁の付き添い人が着るドレスの色について、母親と意見が食い違ったことだという。この女性はこの時にかぎって、いつもの彼女らしくなく、自分の選んだ色を押し通そうとしたのだった。

すると、母親が激怒した。娘が自分の意見に従わなかったからだ。そして、口をきかないばかりか、結婚の前祝いパーティへの出席も拒否し、娘がひどく恩知らずになったと触れまわった。女性は何とか仲直りしようと、母親にささやかなプレゼントを贈ったり、感謝の気持ちをあらわすカードを送ったりした。ところが、母親の態度は変わらない。結婚式にはかたちだけ出席したものの、披露宴の途中で帰ってしまった。母親がようやく電話をくれたのは、それから数カ月も経ってからであり、その時でさえ、母親は自分に非があったとは決して認めなかった。何もかも娘のせいだったのだ。

ドレスの色という些細な問題で、愛する娘の晴れの日をぶち壊しにするような母親がいるとは、なかなか想像しにくい。だがそこに、自分の主観でしかものごとを見られない、自己愛人間の特権意識があらわれている。彼らにとって**「重要なのは自分の気持ちと欲求だけ」**であり、**「何でも自分の思いどおりになって当然」**なのだ。相互関係や助け合いという発想は、彼らにはない。なぜなら、**周囲は「ただ自分に同意し、自分に従い、自分を褒めちぎり、自分を慰めるために存在する」**からだ。つまり、周囲の存在価値は、自分のあらゆる要求を先まわりして読み取り、それを満たすことにある。わたしの要求に応えられないのなら、あなたに価値はない。わたしの意向に逆らうのなら、わたしの怒りを覚悟しなさい、というわけだ。

自己愛人間は、自分が特別な人間であり、特別待遇を受けて当然だと考える。無条件に褒められることを要求する。社交の場では、彼らの話をするか、彼らが興味を持つ話をしなければならない。彼らは誰よりも重要であり、魅力的だからだ。周囲は自己愛人間の要求に応じなければならないが、自己愛人間のほうに相手の話を聞いたり理解したりする義務はない。もし、誰かがそのような要求をしようものなら、「わざと、わたしを困らせようとしている」などと受け取る。このわたしを差し置いて、自分を優先させるなんて、いったい何様のつもりだと言わんばかりである。

彼らの権威に異議を唱えてはならない。自己愛人間の要求に従わなければ、彼らは自分の優位性が攻撃されたとみなす。公然と拒否すれば、大いに傷つき、激しい怒りを露わにする。

だが、その特権意識はどこから生まれるのだろうか。**それは、幼児期の自己中心的な発達段階から持ち越されたものだ。**わたしたちは誰でも、1、2歳の頃に正常な誇大感を体験する。自分が特別で重要な存在だと感じる誇大感は、成長する上で欠かせない正常な感覚であり、幼児期の一時的な段階に顕著な特徴にすぎない。やがて子どもは、世界のしくみのなかで自分が持つ本当の力や立場を自覚して、その自覚と誇大感とをうまく統合させながら成長していく。

ところが、自分が特別だという誇大感の風船が破裂しない子どもがいる。もしくは、親や養育者が恥の意識を与えすぎたか、恥を与えたあとにその痛みを充分に和らげなかったために、風船の破裂が急激で過酷すぎた子どももいる。どちらの場合にしろ、その子どもは、自分が世界の中心だという思い込みをうまく棄てられず、相手を尊重するということを学べなかった。そして大人になって、相互関係が築けない「特権意識モンスター」になってしまった。あるいは、自分のすばらしさを映し出す鏡の役目を相手に要求し、承認や称賛を要求する傲慢な大人に成長した。相手のことなどお構いなしの、専制君主のような態度を取る者もいる。

特権意識が満たされないと、幼児は激しい怒りを覚える。だからこそ、親の助けを借りて、その感情をうまく処理する方法を学ばなければならない。「幼児期の自己愛」から生じる怒りは、いわゆる「魔の2歳児」の頃にピークを迎える。この時期に必要なのは、子どもに必要以上の屈辱や脅威を与えない「最適なフラストレーション（欲求阻止）」である。母親や養育者は魔の2歳児の欲求を、うまく抑えてやらなければならない。ところが子どもが興奮している時に、親が怒りや軽蔑の顔を見せたり、からかったりすると、それが発達中の子どもの脳に記憶され、将来、ストレスを受けた時にその記憶が呼び出されて彼らを激高させる。さらにこの極めて重要な時期に、親が子どもの気持ちに波長を合わせないと、攻撃的な衝動を抑制する脳の発達を妨げてしまう。そうなれば、彼らは生涯にわたって攻撃性をうまくコントロールできなくなってしまう。

いっぽう、「穏やかに応じる」親の記憶も脳に刻まれる。そのような親は、手に負えない幼児の行動や態度を受け入れる。また、子どもが怒りや恥の意識をうまく処理して、反応を抑える手助けもする。それが無理なら、せめて子どもの激しい負の感情を受けとめて、仕返しをしない自制心を持つだけでもいい。思いやりのある親の態度は、子どものなかに取り入れられて、やがて子どもの自尊心の一部に組み込まれる。

自己愛人間が特権意識を持つ時、彼らが感じているのは本当の自尊心ではない。自分は尊敬されて当然だと思う反面、相手に敬意を払う必要はないと思う者。努力もなしに結果を求める者。不快なできごとのない人生を望む者……。彼らは、自分の運命を自分で切り拓く能力を失い、周囲に頼って幸せをつかもうとする。そして、自分の思いどおりにならないと激しい怒りを爆発させる。**自己愛人間は、特権意識を振りかざす、1、2歳児の幻想の世界に生きているのだ。**

6　大罪その6　他者を平気で利用する

誰かに共感する、つまり相手の気持ちを理解して思いやりを持つためには、しばし自己を離れて、相手の気持ちに波長を合わせなければならない。頭のなかの雑音を消して、相手の感情を読み取り、余計な判断や歪曲なしにその感情を受け取る。感情移入する時でさえ、自分と相手とは別々の人間である。

相手に共感する時、わたしたちは、分離したふたりの人間のあいだに橋を架ける。それができるのも、お互いを別個の人間として体験しているからだ。自分を相手と分離した存在として認識できるようになるのは、1歳から3、4歳までのあいだに起きる画期的なできごとである。相手の気持ちを正しく読み取るためには、まず自分を現実的にとらえ、自分のものであるいろいろな感情を認識できなければならない。

子どもが激しい感情を爆発させたとしても、親が共感を持って接すれば、子どもは相手を思いやる能力を発達させることができる。生後10カ月から14カ月の乳幼児は、母親が悲しむ様子を見て動揺し、不安になるという。これは共感となる感情の、ごく初期のあらわれと言えるだろう。たいていの子どもは1歳半になる頃には、悲しみを自分で抑制して、相手に慰めを与えられるようになる。ところが**共感するためには、自分が相手とは分離した存在だという認識と、恥を含むいろいろな感情に耐えられる能力を獲得していなければならない。**だから、恥の意識を回避して心の奥深くに抑圧している自己愛人間には、共感という感情を発達させることができない。共感がなければ、攻撃的な衝動をコントロールすることも難しくなってしまう。

恥に敏感な自己愛人間は、怒りや攻撃性を爆発させやすく、共感能力が低い。それどころか、相手にも気持ちがあり、独自の欲求を持っていると認識する能力さえない。**情緒について言えば、彼らは1、2歳児の発達段階にとどまっているのだ。自己愛人間にとって、相手は分離した個人ではなく、「自己の延長」でしかない。相手は自分の命令に従うために存在する。**そのうえ、自己愛人間は良心も未発達なために相手を利己的に利用する。

抑うつ症状を訴えて治療に訪れたメラニーには、家族の秘密があった。知的な職業に就いている母親が、娘のメラニー名義で複数のクレジットカードをこしらえ、長期にわたって多額の借金を重ねていたのだ。

公務員としてささやかな給料を得ているメラニーは、母親がカードを使うたびに支払いに四苦八苦していた。なぜ我慢しているのかと訊くと、メラニーは一瞬のためらいもなく答えた。「あら、先生だって、うちの母を怒らせたくはないと思いますよ!」多額のカード債務のほうがまだましに思えるほど、激しい怒りなのだろう。

母親はほかの方法でも娘を無慈悲に搾取してきた。自分の生活費を要求し、メラニーの妹の大学の授業料まで負担させた。娘の欲求や境遇にはまったくの無関心である。母親はメラニーに、自分を正当に評価する方法を教えてこなかった。そのためメラニーは大人になったあとでも、人の世話をする時にしか自分の価値を見出せなかった。意見を言ったり、権利を主張したりするのは苦手だった。

自己愛人間は、**相手の感情や利益などお構いなしに、周囲を利己的に利用する。**従属的な立場にある相手の場合も多いが、搾取される側が、ただ単に従属関係にあると思い込まされているだけの場合も多い。搾取にもいろいろなかたちがある。いつも片方が差し出し、もう片方が受け取るという一方的な搾取もある。わがままな恋人や要求の厳しい上司のような一般的なかたちや、セクハラのようなおぞましいかたちの搾取もある。だが、事実の歪曲はごく頻繁に見られる。

ジェスの例を紹介しよう。ジェスは、大手化学薬品メーカーのトップセールスマンである。40代前半で、離婚してふたりの子どもがいる。彼が相談に訪れたのは、3年間つきあったり別れたりを繰り返してきた恋人に、専門家の助けを得ないのなら別れる、と告げられたためだった。彼女を失いたくはなかった。ベッドでの相性もよかったし、何でも自分の好みどおりに料理してくれたからだ。「それに、会社のパーティに連れていくたびに、セクシーなドレス姿の彼女を見た同僚が、僕を嫉妬と羨望のまなざしで見るからですよ」

ジェスは、恋人を引き止めておくためにはどうしたらいいか、とわたしに訊ねた。反対にわたしは、彼女の望みは何かと訊ねた。「結婚の約束だろうね」彼は続けた。「子どももほしいみたいだ。時間切れが迫ってきてるからね。だけど、僕にはすでにふたりの子どもがいるから、僕自身はあまりほしくないんだ」それなら何がほしいのかと訊ねると、彼は答えた。「今のままの都合のいい関係だ。だけど、彼女はすぐに腹を立てるんだ。うるさく干渉されてたまらないよ」

ジェスは魅力的な男性だ。目的意識が高くてエネルギッシュで、人生の楽しみ方も知っている。性格は悪くないが、**相手に対する思いやりはこれっぽっちもない。薄っぺらで何でも自分のことばかり。**その感受性のなさに周囲が怒っても、なぜまわりが憤慨しているのかがわからない。自分は、ただ出世と幸せを望んでいるだけなのに……。彼には自己愛人間の特徴がたくさんあった。なかでも目立つのは周囲の**利己的**

な利用である。しかも、自覚もなければ良心の呵責もないのだ。

ジェスは恋人から距離を置くことにしたが、相手がベッドをともにするのを拒まないかぎり、完全には関係を絶てなかった。だがそのせいで、不安と寂しさに襲われた。そこで昔の恋人や別れた妻と、よりを戻した。ふたりの子どもがとつぜん愛おしく思え、特に16歳の娘とは「何でも話しあえる親友のように仲良しになった」という。「娘はまた、家族に戻ったみたいだと喜んでるよ」だが、その家族意識とやらが続くのも、ジェスの欲求に合致し、彼にとって都合のいいあいだだけだろう。

7　大罪その7　相手を自分の一部とみなす

人間は社会的な動物だ。そのいっぽうで、独自の考えや感情、自分だけの肉体を持つ存在でもある。独立した自己を持つ、別個の存在としてプログラムされている。自分と相手とのあいだで健全な関係が成り立つためには、双方のあいだに適切な境界が引かれ、「それぞれが分離した人間だ」という認識がなければならない。

ところが自己愛人間には、自分と他者とのあいだには境界があり、「お互いが別個の人間であって、相手は自己の延長ではない」ということが理解できない。彼らにとって、相手は自分の要求を満たすために存在し、要求を満たさない相手なら、いっそのこと存在しなくてもいい。

自己愛人間は、自分と他者との区別がつかない。その原因は幼少期の体験にある。子どもは、自分が重要で無敵だと感じる、自己中心的な発達段階を通過する。それは、歩きはじめる頃から2歳頃まで続く。その時期、彼らは膨れ上がった万能感のおかげで、恐怖や不安もなしに新たな世界の探検に出かけられる。それと同時に、母親や養育者と自分とは分離した存在だ、という意識も持ちはじめる。

だがそれ以前の子どもは、情緒的に強く結びついている母親や養育者と自分とを、心理的に区別なく体験している。そしてその相手を、強い力を持ったすばらしい存在としてとらえ、自分も同様に大きな力を持った存在とみなす。なぜなら、彼らにとって「ふたりは一体」であり、「自分が望めば、世界は何でも自分の思いどおりになる」からだ。ところが、実際の自分は小さく無力な存在であり、本当に力を持っているのは自分ではなくて、母親か養育者だと理解しはじめる時、彼らのなかの一部が、「ふたりは一体だという錯覚」のなかにとどまろうとする。母親か養育者とのあいだに境界がなければ、これまでどおり、自分の欲求を満たす――泣けばミルクを飲ませてくれる――相手を、自分がコントロールしていると感じられるからだ。

親の仕事のひとつは、「子どもが分離した無力な存在であっても、その本当の姿のままで大切である」ことを、子どもが受け入れる手助けをし、情緒的に傷つきやすい発達段階にある我が子の不安や苦痛を和らげてやることである。

自分は重要で強大な力を持っていると、子どもが感じるままにしておけば、「大きな力を持つ親をコントロールすることで自分の力も得られる」という幼児的な幻想に、いつまでもしがみつき、自分の本当の力を認識できなくなってしまう。そうなると、彼らは周囲に目を走らせて、自分に足りないものや必要なものを与えてくれる相手を、すばやく捜し出す能力を磨く。それは、生き残りをかけた必死の試みである。そしてその役に立つ相手を、母親の時と同様に自己の延長とみなして、自分と一体の存在として扱う。

わたしのクライアントに、こんな体験をした女性がいた。ある日、その女性が家に帰ると、義母がリビングの家具をすっかり取り替えてしまっていた。彼女にひとことの相談もなく古い家具は運び出され、真新しいソファと家具のセットがすでに美しく設置してあったという。「予期せぬプレゼント《サプライズ》」として。

もちろん彼女は仰天《サプライズ》した。そして落胆した。確かに、家具は買い替えるつもりだった。だがショールームに足を運んで、あれこれ選ぶのを楽しみにしていた。義母の頭には、「彼女が自分で選びたいだろう」などという考えはちらりとも浮かばなかった。この家族では、当たり前のように境界が侵害されていたのだ。

ところが境界を侵害される側も、「自分が分離した一個の人間だ」という意識を、はっきりと持っていないことが多い。たいていの場合、生まれ育った家庭で日常的に境界が侵害され、それを当然のこととして受け入れてきたからである。

あるいは境界の侵害に敏感なあまり、みずから厳格な境界を築いて身を守ろうとする者もいる。彼らは近い間柄でも相手を信用できず、親密な関係を結べない。

健全な境界意識がないために、実際に境界が侵害されると、混乱したり気持ちが揺らいだりする場合も多い。先のクライアントがそうだった。彼女は家具のプレゼントを喜んではいなかった。その反面、義母に素直に感謝できない自分を責めてもいた。素直に喜べないわたしは恩知らずなんじゃないだろうか、と思ったのである。

自己愛人間は、何の自覚もなしに境界を侵害する。人の日記や手紙を勝手に読む。浴室や寝室のドアはないも同然だ。衣類や持ち物を無断で〝拝借する〟。会話を盗み聞きする。おせっかいな質問をしたり、聞かれてもいない意見を押しつけたりする。アイデアや手柄を盗む。秘密を守らない。キスやハグを強要する。自己愛人間にこんなふうに言われた者も多い。「それは君の本心じゃない」「あなたの考えはこうよ」さらには、「これがあなたという人間だ」とさえ。自分の侵害行為を指摘されると、彼らはむっとする。垣根のない世界で、なぜドアをノックする必要があるというのだ？

メンタルヘルスのクリニックやカウンセリングを訪れて、7つの大罪の大半が認められると、「自己愛性パーソナリティ障害」と診断される場合がある。ただし、米国精神医学会によれば、**重い自己愛症状の基準を完全に満たす者は、100人にひとり**

にすぎないという。

ところが、それよりもはるかにおおぜいの人がこれらの症状を示している。彼らは自分の自己愛傾向を認めようとしない。認めれば恥の意識を味わうからだ。だから、彼らは相手のせいにする。また専門家の助けを求める時には、抑うつ症状や不安感、対人関係の悩み、職場のストレスで治療を受ける場合が多く、根本にある自己愛傾向が治療の対象となることは少ない。しかも、短期の治療ではほとんど効果がない。

自己愛人間について知るためには、まずはその成り立ちを正しく理解する必要がある。**わたしたちは誰でも幼少期に、正常な自己愛の段階を通過する。**だが、親の育て方によってその段階をうまく通り抜けられずに、自己愛人間になってしまう場合がある。

第2部

自己愛はどこから生まれるのか

8　乳幼児期の自己愛と、「わたし」の誕生

子どもは誰でも、自己愛人間になるよう心理的に配線されて生まれてくる。事実、それが魔の2歳児（時には3歳児）を、あれほど厄介にする理由のひとつだ。子どもはみな、誇大感と万能感と特権意識を持っている。そして、自分の思いどおりにならないと、激しい癇癪を起こす。

繰り返しになるが、ここでもう一度おさらいしておこう。

「誇大感」とは、自分は特別で重要な存在だという現実離れした自己像を持ち、自己意識が膨れ上がった感覚を指す。

「万能感」とは、自分は大きな力を持ち、どんなことでもでき、何でも意のままになるという思い上がった感覚だ。

「特権意識」とは、自分は特別な人間であるために、自分の気持ちや欲求が何よりも優先し、自分は何でも手に入れられて当然であり、他者はその欲求を満たすために存在するという意識である。

誰もがそういった発達段階を通過する。だがその時期に、**恥の意識をうまく処理できるようになるかどうかで、自己愛人間になるかどうかが決まってしまう。**

すべては「分離―個体化プロセス」にはじまる。そのプロセスを通してわたしたちは、母親や養育者と自分とを分離し、健全な自己感――自分という感覚――を形成する。自己と他者との境界を確立して、自分と相手とを別個の存在として区別する能力を身につける。前章で、自己愛人間には明確な境界がないと述べた。だがわたしたちは誰でも、最初はそのような状態からはじまる。

乳幼児期の自己愛

1世紀ほど前、精神分析学者のジークムント・フロイトは、乳児の「リビドー」、すなわち欲望（性的衝動のもとになるエネルギー）は、外部の対象にではなく、すべて自己に対して向けられると述べた。そして乳児は「自体愛」、自分のからだの一部を愛する状態にあると考えた。また、生後すぐは「刺激障壁」と呼ばれる、生まれながらに備わった心理的な防壁が、外界の過剰な刺激から乳児の未熟な神経システムを守っているとも考えた。その防衛の繭《まゆ》のなかで乳児は情緒的に充足し、まだ自己を、そして他者も認識できない状態にあると説明した。

だが21世紀の今では、新生児が大いに周囲を認識していることがわかっている。生後すぐでさえ、耐えられる範囲で外部の刺激を求め、〝対人関係〟において簡単な試行錯誤を行なえることが確認されている。それでも、自己愛に対するフロイトの考え方は今なお、乳幼児の自我の誕生に対する、わたしたちの理解の基礎を成している。

フロイトは、生後2か月頃の乳児がそれまで以上によく泣くようになるのは、刺激障壁が壊れはじめ、外界の刺激が不快な方法で流れ込むからだと考えた。まどろむような自己充足の繭が破れて、慰めが外部からもたらされることを認めざるを得なくなって泣き叫ぶ乳児の姿を、フロイトは思い描いたのである。ところが実際、この時期の乳児は、他者に対する認識も自己に対する認識も発達していない。だから、自分に慰めを与えてくれるおもな養育者のからだは、乳児の目から見れば、未発達な「わたし」の一部である。フロイトはその状態を、「ひとつの殻にふたつの黄身を含む卵」になぞらえた。

やがて乳児は「自体愛」の状態を卒業して、おもな養育者を強い力を持ったすばらしい存在ととらえ、自分も同様の存在とみなして、幼児的な万能感を持つ時期を迎える。「自分は万能であり、何でも自分の思いどおりになる」と感じるわけである。そして、大きな力を持つ親と自分とを一体とみなすことで、ある種の無敵感を持って周囲の探検に乗り出す。

歩きはじめたばかりの1歳児は、あちこち冒険に出かける。彼らにとって世界は危険に満ちている。だが、おもな養育者と強い愛情で結ばれた幼児は何も恐れない。その活発に動きまわる様子からは、実際の自分が小さくて無力な存在であり、周囲が大きくて脅威となることにも気づいていないようだ。

ある時、わたしはよちよち歩きのこんな女児の姿を目にした。その子は、空っぽのダンスフロアにひとりで出ていくと、音楽に合わせてくるくると踊りはじめた。女児は周囲の注目を浴びて、まわりの大人が喜ぶさまを明らかに楽しんでいた。この種のスター並みの度胸は、この時期の幼児には決して珍しくない。彼らが誇大な自信を抱いている証拠でもある。この時期の自己愛は正常な現象であり、幼児は心理的な準備が整えば、次の発達段階へと進む。自分は無敵だという誇大な幻想に頼らなくても、自信や自尊心を支える本物の能力を発達させるのだ。そしてその時、彼らは幼児的な自己愛を徐々に手放していく。

「わたし」の誕生

人間は、いろいろな基本装備とともにこの世に誕生する。だがそのなかに、心理学者が「自己」と呼ぶものは含まれていない。そのため、「わたし」という感覚を持つようになるためには、第二の心理的な誕生を待たなければならない。

自己は徐々に発達する。それは、自分を慈しみ育てる者の視線からはじまる。そのまなざしはあまりにも魅力的で、乳児の生存に不可欠なために、視線を発するおもな養育者（たいてい母親）の顔を、乳児は自分の一部ととらえる。未発達な「わたし」は、先のフロイトの――ひとつの殻にふたつの黄身を含む――卵に似て、自分が依存する特定の他者を含んでいる。その養育者は大変に重要な存在で強い力を持ち、その養育者が「わたし」ではなく、別の存在だと悟るまでには何カ月もかかる。それまでは、自分の強さはその養育者の強さから生じる。

乳児は生後2〜4カ月になると、自分にミルクや慰めを与えてくれる〝特定の〟養育者を認識するようになる。そして、その相手だけに特別な微笑み（選択的微笑）を見せるようになり、それを機に「共生」と呼ばれる心理状態がはじまる。この「共生期」には、乳児の自己感はおもな養育者である母親と融合しており、それ以外の世界はほとんど重要でなくなる。母子は共生の時期を過ごし、ふたりだけの天国にいる。

ところがその後、乳児は共生関係から孵化しはじめる。そしてほかの人を観察し、母親と違うことに気づきはじめる。誰かに抱っこされると、その相手をじっくり観察し、鼻や眼鏡やアクセサリーをつかもうとする。母親が近くにいれば、視線を走らせて比較する。さて、彼はついに他者という概念を得た。次に理解すべきは、母親がその他者のひとりであって「わたし」の一部ではないことだ。だが、それにはもう少し時間がかかる。

生後7〜10カ月になると、可愛い坊やは母親から離れてはいはいし、よじのぼり、つかまり立ちするようになる。母親は今も大切な存在だが、子どもの目が見渡しているのは、探検すべき、もっと広くて大きな世界である。自力で移動できる能力を得たおかげで、母親を「自分とは分離した存在」としてとらえる物理的な距離も得た。それでも、母親はまだ心理的には自分の延長であり、分離した一個の人間ではない。

歩きはじめる生後10〜12カ月のあいだ、乳児は母親と「融合した」自己感を抱き、1歳4カ月〜1歳半くらいまでは、元気いっぱいの時期が続く。ぶつかり、転んでも、頑丈で小さな探検者はへっちゃらだ。冒険を続けて、ますます母親から離れて夢中になり、母親の存在を忘れたかのように行動する。

そうかと思うと、とつぜんガソリンが切れたように「エネルギーの補給」を求めて母親のひざに戻る。この時、母親の姿が見当たらないと態度は一変する。動きが緩慢になり、周囲への興味を失い、憂うつな状態に陥ったように見えるのだ。その様子を専門家はこう表現する。あたかも母親の像を自分のなかに見出そうとし、自分の内面を探っているような様子だ、と。誰かが母親の代わりをしようとすると、激しく泣いて抵抗する。母親との「再会」が果たされなければ、楽しい探検もない。母親は選ばれし者、彼の自信にとって欠かせない存在なのだ。

「練習期」と呼ばれるこの時期（生後10カ月～1歳半）に、乳幼児はまず歩くことを覚えるが、自分ではまだ感情を処理できない。発見の喜びや興奮も、徐々に広がる世界で自分が小さくて弱い存在だという苛立ちも、母親と心理的に融合した状態にあってはじめて処理できる。一時的に離れていたあとに、母親が子どもの気分に波長を合わせて共感をもって反応すれば、子どもの脳の発達に重要な影響を与える。

乳幼児の脳を研究したところ、生後10～12カ月と1歳4カ月～1歳半——ちょうど練習期のはじめと終わり——に、情緒を調整する脳の配線がせっせと進むことが明らかになった。事実、彼らが「練習する」ことのひとつが感情を処理する方法であり、これは分離した自己感、自立した「わたし」を形成するために不可欠な能力である。賢明な母親は、はしゃぎすぎたり落ち込んだりした子どもの気分を和らげるいっぽう、彼らの興奮をほんの少しだけ余分に認めて、感情の許容量を増やす方法も心得ている。

母子の関係は練習期に大きく変化する。共生期（生後2～4カ月）に、母親が乳児に充分な喜びや関心を示していれば、子どもは母親からの分離に張り切って取りかかれる。生後10カ月頃になると、乳児は起きて過ごす時間が長くなり、1日の6時間ほども遊びのために使う。最初の頃、母親は遊び友だちと世話係を合わせたような存在だが、その後の約半年は何にでも「ダメよ」と言い、幼児の〝社会化体験〟に冷や水を浴びせる存在となる。練習期の最初によく見られた幼児の上機嫌は、やがて「気分が低下した状態」に変わりはじめる。幼児はまるで、軽度の抑うつ状態に陥ったかのようだ。

だがそのような状態は正常であり、しかも重要な機能を担っている。エネルギーを節約して、感情を抑制する脳の領域の発達を促すからだ。この気分の低下状態を何度も繰り返すことによって、幼児は外部の助けを少しずつ減らしながら、激しい感情や不快な感情を自分で和らげる方法を学んでいく。そしてそのたびに自信をつけて、1歩ずつ心理的な自立に近づいていく。

幼児には、他者の存在する世界で生きる準備をさせなければならない。社会化を促して、好ましくない行動や態度を抑制する必要がある。そのなかには、彼らにとっては大いに楽しい行為も含まれる。そのお楽しみを手放すよう説得するためには、彼らの強い恥の感情に訴えなければならない。幼児が生まれてはじめて味わう恥の体験は、それまで持ち続けてきた「自分が母親と完璧に融合している」という幻想を打ち砕く行為である。母親に叱られて、幼児の顔は恥にまみれ、喜びや活気は一気に消え去る。彼らはしょげて、傷ついてもいる。これは、自分と母親が分離しているばかりか、母親が自分とは異なる存在であり、自分の居場所がつねに〝お山のてっぺん〟ではないことを教える、重要で有益な傷である。**だが、傷は優しく負わせなければならない。**

1歳児にとって、恥の感情は大きな苦痛である。その苦痛を和らげるためには、幼児の気持ちを敏感に汲み取って、その傷を癒してくれるおもな養育者の助けが必要だ。母親の優しいまなざし、温かな手の感触、思いやりに満ちた言葉がぜひとも必要なのだ。その時に体験する「上機嫌から恥の意識、そして回復までの一連のプロセス」は、幼児が恥の感情を処理する方法を学ぶ重要な練習機会であり、健全な自己感の発達を促す手段でもある。それによって、幼児は気持ちが傷ついても回復できること、自分にはその能力があり、養育者が信頼できることを学ぶのだ。

だがそのプロセスが省かれてしまえば、幼児は自分の欲求や感情を恥ずべきものとみなし、「自分は悪いのだ」と感じる。**脳が充分に発達して、いろいろな感情を自分で処理できるようになるまでは、思いやりに満ちた母親の手助けが必要であり、耐えがたい恥の感情から、幼児を守ってやる必要がある。**

プラス面を考えれば、この時期にピークを迎える自己中心性が恥のおかげで抑えられ、子どもは周囲ともっとうまく交流できるようになる。自分は独特で重要な存在だが、ほかの誰か、特に親ほど独特で重要ではないことを、幼児は学ばなければならない。少量の恥とその後に続く慰めとが、幼児の誇大感を現実的な自己感へと導く。時には、そう教える養育者の側にとっても、幼児と同じくらいつらい体験である。

練習期の終わり（1歳半頃）になると、幼児は、母親が自分とは異なる存在であることや、母親が自分以外の人間やほかの活動にも関心があることも理解するようになる。あれほど自信たっぷりに世界を探検した時の誇大感は砕け散り、幼児の情緒は不安定になる。元気いっぱいだった彼らは、自分本来の弱さに気づく。そして母親の居場所を気にして、その姿が見えないと不安に陥る。母親がそばにいる時には、すべてを自分と分かち合うように要求する。練習期のあとに続く発達段階を「再接近期」と呼ぶのも、そういう理由からである。

実際、再接近期（1歳半～3歳）に入ると、幼児は以前よりもずっとものごとを怖がるようになる。誇大感と万能感の幻想も、自分が母親と融合しているという幻想も持てなくなるからだ。幼児の行動や気分には両面性《アンビバレンス》があらわれる。母親に近づいて自分の世界を分かち合い、共生の喜びを取り戻そうとするかと思えば、怒りを露わにしてそばを離れ、自立を主張する。そして激しい癇癪を起こすが、それは相対的な世界のなかで、自分本来の立場を明確に理解するようになったことと、大きな力を持つ、優しい母親に対する支配を失うことへの怒りである。

母親にしがみついたり母親から離れたりする、この難しい発達段階が終わる頃、幼児は現実的な自己感を持ち、他者が独立した存在であることも尊重する。これは通常、4歳を迎える前に起きる。そして「個体化」が生じて、「わたし」という感覚を持つと考えられる。

わたしたちは誰でも、生後2、3年は正常な自己愛の時期を過ごす。この時期の子どもには誇大感や万能感、マジカルシンキング、恥に対する過剰な反応、境界意識の欠如などが見られる。この成長段階をうまく乗り越えるためには、おもな養育者の助けが欠かせない。幼児が恥の意識を適切に処理できるよう、そして怒りをうまく抑制できるよう導く必要がある。他者の存在する世界で生きていく方法を、教えてやる必要があるのだ。

おもな養育者の助けがなければ、幼児は自己愛の段階からは抜け出せない。そして母親との融合を脱して、徐々に個体化する「分離―個体化プロセス」をうまく乗り越えられなければ、次の世代の自己愛人間が誕生してしまう。

次章では、「正常な自己愛の段階」を、子どもが無事に通過する手助けのできない親について取り上げよう。

9　自己愛の肥大した親

分離―個体化プロセスの暗礁をうまく乗り切れるよう、我が子を導くことは難しい。養育者自身が自分と我が子に対して現実的な認識を持ち、自分の攻撃的な衝動を抑えられなければならない。自分の欲求を満たすために、子どもを利用しないことが何よりも大切だ。つまり、**その大人自身が分離―個体化プロセスを完了していなければならない。**だが、もしそうでなかったとしたら？

自己愛の肥大した母親

人生の序曲は、一般に母子のデュエットである（もちろん父親も重要な存在だが、補助的な役割にとどまる）。母親が自己愛人間の場合、母子の絆はなかなか正常なかたちでは結ばれない。自己愛の強い女性が、自分の自己愛を満たすために母親の地位に就きたがることがある。彼女たちは、「理想的で美しい母親として、周囲の羨望を一身に集める姿」を思い描いたり、身ごもり、生み、育てることで「自分を完璧な存在にしたい」という願望を抱いたりしやすい。**妊娠する前でさえ、幻想のなかの子どもは自分の自己愛の延長であり、特別な気分を味わい、周囲から承認され、称賛される手段である。**

自己愛の強い女性は、「完璧な母親像」を鏡のように映し出す「完璧な子ども」を求める。性別や外見やそのほかの欠点によって、生まれてきた子どもが自分の期待を裏切ると、激しい恥の感情や怒りがこみ上げる。そのいっぽうで、自分の自己愛を膨らませてくれるイメージを子どもに投影すれば、自分の不快な感情を押し隠せる。**我が子を完璧とみなすにしろ、ひそかに失望するにしろ、自己愛の肥大した女性は、幻想のなかの理想的な子どもほどには、現実の子どもに強い愛情を抱かない。**

子どもが生まれる前から、彼女たちの行動や態度には自己愛の強さがあらわれる。たとえばこんな具合である。妊娠中の自分の外見や過ごし方で頭がいっぱいだ。周囲が自分の欲求を満たし、自分の思いどおりに動いて当然と考える。からだの変化を異様なほど気に病む。陣痛や分娩を極度に怖がる。完璧な妊娠や理想的な母親像にこだわる。経済的に無理をしてでも、我が子のために「何もかも最高のもの」を買い求めようとする。子ども部屋の飾りつけに余念がない。あるいは反対に、自分の趣味やお楽しみに夢中だったり、ドラッグや飲酒にふけったり、出産準備にまるで無関心だったりする。

自己愛の強い女性は、妊娠や出産に夢中になるか無関心かのどちらかだが、いずれにしろ、**最大の関心事は生まれてくる我が子ではなく、自分自身の体験にある。**

そして子どもが生まれると、その世話に疲れ果てて産後うつに陥るかもしれない。この難しい時期には、乳児が母親の誇大な幻想を満たして、自己愛を膨らませてくれる機会がほとんどないからだ。そのため、母親は逃げ道を探そうとして、子育ての負担を肩代わりしてくれる人を利己的に利用したり、少しでも早く仕事に復帰しようとしたりする。人目のないところでは、育児に無関心かもしれない。

やがて共生期が訪れると、乳児が向ける選択的微笑のおかげで、母親は救われたような気分を味わう。今一度、自分が特別な存在だという気持ちを、少なくともしばらくは味わわせてくれるからだ。自己愛人間はそもそも境界意識に乏しく、相手を自分の歯車に巻き込もうとするため、共生関係は自己愛の強い母親の性に合っている。この時期、乳児は母親を愛情のこもった目で見つめる。母親のすべての動きと表情を目で追う。そして、母親の温かい感触や声に慰めを見出し、母親と同じように反応する。

ああ、これまで、これほど自分を特別な気持ちにさせてくれた者があっただろうか。これほどまでに、完全に自分の所有物だった者がいただろうか。心の底に眠っていた感情が呼び覚まされる。幼少期の恍惚とした思い出がよみがえる。彼女は心理的に融合している我が子に夢中だ。

ところが、乳児はまもなくこの至福の喜びを裏切る。やがてこの段階を卒業して、〝母子だけの天国〟の外に成長の道を求める。我が子が自分以外の人間にも反応し、自分には関心のないものにまで興味を持ちはじめると、自己愛の強い母親は、子どもを失ってしまうのではないかと思い、腹を立てるか怖くなる。そして、**過剰に恥の意識を植えつけて、自立の機会を制限するか子どもを支配しようとする。**自分の利己的な利益や期待に沿う行動や態度だけを褒めて、我が子を操るのだ。

彼女たちには共感を示す子育てができない。たとえば、自分の自己顕示欲のために子どもを好きにさせる。そして子どもの誇大感を膨らませるとともに、そのような我が子の行動や態度を許しているという、自分の寛大さをアピールする。だが、それは本当の思いやりに満ちた育児ではない。**ただ我が子を利用して、自分の自己愛の風船を膨らませたいだけにすぎない。**なかには、子どもの年齢に応じた欲求や行動を無視して、無理やり社会化を促す母親もいるだろう。そして母親の注意を引こうとした子どもに腹を立て、もっと大人のようにふるまうように要求して、子どもに恥をかかせたりする。

練習期と再接近期（生後10カ月〜3年）に子どもの自己愛を増幅させると、次世代の自己愛人間をつくり出してしまう。母親が自分の満足のために、子どもの誇大感や万能感を膨らませることは危険だ。より現実的な自己像の発達を優しく促してやらなければ、幼児は分離―個体化プロセスを完了できない。そして、そのプロセスを完了できなければ、自分は特別で権力を持った存在だという幻想を棄てられず、誤った自尊心を発達させてしまう。子どもは、自己愛が膨らんだままの成長段階にとどまり、やがて、母親が子どもの延長であるように、子どもも母親の延長になってしまう。

自己愛の強い母親は恥の感情に耐えられないため、我が子の分離―個体化プロセスに伴う嵐をうまく乗り切れない。この時期、母親はしょっちゅう子どもに腹立たしい思いをさせられる。子どもが言うことをきかないか、子どもに恥をかかされると、母親は過剰に反応して怒りを露わにする。母親が共感を示せず、攻撃性を抑制する手本になれないと、子どもはいつまで経っても母親の敵意に激しく反応する。共感を持てず、恥の意識を処理できず、攻撃性を抑えられない自己愛人間の母親は、自己愛人間の子どもを生む。カエルの子はカエル、というわけだ。

自己愛の肥大した父親

おもな養育者が父親の場合、その自己愛は母親の場合と同じ理由で、子どもの健全な成長を妨げる。だがおもな養育者が母親である場合にも、**父親が母親をどう扱うかによって、父親の自己愛が2歳までの子どもに間接的な影響を及ぼす。**乳幼児の世話で心身ともに疲れ切った母親にとって、配偶者の支えは大切なエネルギーの補給源だ。ところが父親が自己愛人間であり、自分のことで頭がいっぱいであれば、母親は子どもにしがみつくことで自分の心理的な欲求を満たそうとする。そうなると、子どもは分離―個体化プロセスをうまく完了できなくなってしまう。**自己愛の強い父親と、しがみつく母親のあいだに生まれた子どもは、生涯にわたって、不健全なかたちで母親に縛りつけられやすい。**

母親から心理的に分離するために、子どもは父親の助けを必要とする。なぜなら幼児は、母子だけの天国の外に広がる世界へと出ていく必要があるからだ。そしてその時、父親はその刺激的な世界を象徴する存在となる。ところが父親が無関心か不在の時、幼児が自立するための重要な機会は失われてしまう。とはいえ、自己愛の強い父親が全員、無関心なわけではない。我が子を、権力や承認の欲求を満たす道具として利用する父親もいる。

自己愛の強い男性が父親になる時、次のどちらかのタイプに分かれる。その第一は、**そもそも父親になるつもりがなく、相手の女性にだまされたと感じるタイプ**だ。そして、女性のからだが変化しはじめると嫌悪感を抱き、女性が彼の生理的欲求を満たせなくなると、拒否され、特権を奪われたように感じて、お腹の子どもを憎む。その心の奥に潜むのは恥の意識だ。そしてその感情を、皮肉や残酷なジョークのかたちで相手の女性に投げつける。極端な場合、暴力を振るうこともある。

第二は、**相手の女性を支配する手段か、自分を複製する手段として父親の地位を望むタイプ**だ。自己愛の強い父親の誇大な幻想が向かう先は、自分の影響力が、そしてそれゆえ自分の重要性が拡大する未来である。このタイプの男性は「自分に依存するがために、自分が支配できる母子」を利己的に利用することで、より大きな影響力や重要性を手に入れようとする。彼らは相手の女性を理想化したり、冷淡に扱ったりする。だがどちらにせよ、みずからの自己愛を長く膨らませておく手段として、父親の地位に就こうとする。

第一のタイプは、最初から父親の責任を放棄している。自分の趣味やお楽しみに夢中で、母子のために時間やお金を使いたがらない。母親の健康や幸せに関心がなく、自分の欲求を満たす時にしか接触しようとしない。「忙しくて」親子教室には通えず、出産時にはそばにいられない。責任ある態度を迫られると、それを束縛ととらえる。おむつ替えも深夜の授乳も自分の役割ではない。子どもの母親が性的か精神的な欲求に応じないと、よそで満足を求める。生まれた子どもも、自分の自己愛を膨らませてはくれない。

いっぽう、支配欲が強く、父親の地位を利用して自己愛を膨らませようとする第二のタイプは、父親の権利を決して放棄しない。母子につきまとい、自分が中心になる方法を見つけ出そうとする。異常な警戒心は不安のあらわれだ。もともと独占欲が強くて要求の厳しい男性であれば、子どもが生まれたあとでは、まず間違いなく疎外感を抱く。なぜなら妻は子どもの世話に忙しく、もはや彼女の注目を独り占めできなくなったからだ。そして、母親の注目をめぐって子どもと張り合い、不機嫌になり、母親に対する要求がますます厳しくなる。子どもをめぐって母親とも張り合い、母親から子どもを引き離そうとする。

子どもが生まれた時から父親は重要な存在だ。普段からしっかり世話をしていれば、男親なりの方法で母親と同じくらい我が子と強くつながれる。だが、乳児にとって共生関係はひとつしかなく、それは通常、母親とのあいだで結ばれる。そのため、父親は数カ月のあいだ、自分を部外者のように感じるかもしれない。それでも、父親には分離―個体化プロセスで果たす、母親にも劣らず重要な役割がある。
共生期も結局は過渡期であるため、父親は母子だけの天国の外にある世界を子どもに示してやれる。我が子の心理的な準備ができた時、冒険への新たな誘惑が生まれる。この時期、子どもは日ごとに能力を伸ばし、母船の鎖を解く準備ができていく。大海原の探検へと子どもを誘い出し、母親と協力して、泳げるように教え導くのは父親の役目なのだ。

だが、自己愛人間の父親はそのプロセスを妨げる。分離―個体化プロセスの早期にある子どもが、父親の刺激的な交流に反応しはじめると、父親は母親にとっての共生の味を覚える。**彼はとつぜん子どもの「お気に入り」になる機会を得て独占欲が強くなり、自分の自己愛を膨らませるために、我が子をめぐって母親と張り合う。**

その状態が続けば、親どうしの、そして子どもを含めた3人の権力争いが激化し、幼児の誇大感を現実的な自己感へと導いてやれなくなってしまう。だが、子どもが自分の幻想に合致するかぎり、父親は気にしない。子どもが母親に反抗すると、自立を求める子どもの奮闘を喜ぶ。そして制限を設けず、しつけにも消極的になる。とはいえ、それも「自分と子どもの自己中心性が衝突しなければ」の話だ。衝突すれば、子どもに対して極端に厳しくなるか、子どもを支配するか、「悪い行ない」を叱って我が子に過剰な恥の意識を与えようとする――自分は、父親としての特権を行使しているだけだと考えて。

ここで改めて明確にしておきたい重要なことがある。幼い子どもを育てているどんな親も、親業の大変さに消耗し、苛立ち、圧倒され、混乱する。我が子を恥ずかしく思う気持ちを抱き、時には後悔するような行動に出てしまう。だからといって、それが彼らを自己愛人間にするわけではない。世の中に完璧な親などいない。いや、完璧な親はいると思うこと自体が、自己愛的な自惚れである。だが、世の中には確かに自己愛の強い親がいる。そして、**自己愛の肥大した親は自分の欲求を満たすことに夢中で、子どもに共感を示せない。あるいは子どもが本当に必要としているものを感じ取り、うまく応じてやることができない。**その原因は、自己愛人間の親の誇大感や特権意識にある。彼らは子どもを理想化し、子どもから理想化されるために、現実を否認して完璧さを求める。我が子に非現実的な期待を押しつける。そして、我が子の心理的な分離と個体化を妨げるか、子どもの「偽りの自己」を発達させてしまうのだ。

偽りの成熟を示す子ども

偽りの成熟を示す子どもは、2、3歳の頃から〝小さな大人〟や〝小さな母親〟のようにふるまう。彼らは親の自己愛に適応し、親の過剰な要求を満たしながら、自分で自分を育ててきたようなものだ。自己愛の強い母親は、子どもがごく幼いうちから「赤ん坊のようなふるまい」を禁じて、もっと「大人のふるまい」を強いてきた。からだの接触ではなく言葉での説明を求め、子どもが怒りを露わにするのを嫌がった。

親の助けがなく、恥や怒り、攻撃性を処理する方法を身につけられなかった子どもは、感情面が脆い。褒められたくて注目を集めるのはうまいが、つねに自分が一番でなければならない。主導権を握り、勝者でなければ気がすまない。早熟で、自分の面倒も見られ、挫折もうまく回避できるが、失敗すると取り乱し、悲鳴を上げたり泣きじゃくったり、暴力を振るったりする。普段、自分が支配しているほかの子どもたちに助けられることには我慢ならない。見た目は「甘やかされた駄々っ子」だが、彼らは自己愛の問題を抱えており、自尊心を保つために主導権を握らずにはいられない。

自己愛の強い親は、「偽りの成熟を示す子ども」と「特権意識モンスターの子ども」を生み出す。前者は親の自己愛の泡から早期に押し出され、後者はその泡のなかに閉じ込められた。そして、どちらも「偽りの自己」を形成した。どちらの場合も母親から分離できず、**本当の自分ではなく、母親か父親の望む人間になった。**彼らは自尊心が脆い。周囲の承認を求める。自分の弱さや恥の意識が暴露されるような依存関係を恐れ、親密な関係も結びたがらない。自分にないものを持つ相手をねたむ。共感に満ちた愛を知らないために、心の奥に冷酷な感情を隠していたり、激しい渇望感を抱いていたりする。

恥の意識に耐えられず、乳幼児期の誇大感と万能感を増幅された子どもは、自己愛人間になってしまう。そのいっぽうで、それ以上に多くの人が恥の意識に取り憑かれ、自分の親と同じような自己愛の強い人間に、なぜか惹きつけられて振りまわされる。

第3部では、自己愛人間から身を守る、4つのサバイバル戦略を紹介しよう。

第3部

自己愛人間から身を守る4つの戦略

10 戦略1 自分を知る

自己愛人間は、周囲のいろいろな感情を掻き立てる。彼らと関わって事実の歪曲を目の当たりにするうちに、自分自身や自分の感覚のほうがおかしいのだろうかと疑ってしまう。彼らの傲慢な態度や特権意識に、怒りがこみ上げる。利己的な利用や境界意識のなさに、踏みにじられた気さえする。彼らにどう反応するかは、自己愛人間と出会った過去の体験に左右される。

「相手に何を期待し」「自分をどう認識するか」を決めるのは、幼少期からの対人関係のパターンだ。だからこそ、**自己愛人間に対処するためには、まずはみずからの過去の体験を振り返る必要がある。そして、「自分の反応こそが、自分に不快感をもたらす一因」だというメカニズムを理解しなければならない。**現実に起こっていることを「正しく理解して」、そのプロセスを断ち切り、自分の身を守るのだ。

自己愛人間に出会うと、人は複雑な反応を見せる。否定的な反応ばかりとはかぎらない。**彼らの誇大感と万能感に強く惹かれて、特別な気分を味わいたいと願う者も多**

い。彼らの人生の一部になれば、刺激的で充実した日々が送れるからだ。だが、自分を犠牲にして幻想を追い求めたところで、心は満たされず、かえって傷つくだけだ。**彼らの自己愛の罠に陥る時、あなたは自己を棄てている。**

彼らはあなたの弱みにつけ込む。自己愛の強い親に育てられたせいで、あなたは大人になったあとも、自分自身に非現実的な期待を持ち続け、「親の期待に応えられずに味わった恥の意識を癒し、その傷を修復したい」と願っている。そして、親のような自己愛の強い人間が目の前にあらわれて、あなたに微笑みかけると、あなたは「今度こそ子どもの頃の傷を癒す機会だ」と思い、無意識にその微笑みに飛びつく。

自己愛人間の関心をつなぎとめるために、無理をしてでも彼らを喜ばせる時、あなたは彼らに信号を送っている。「自己愛の欲求を満たすために、あなたはこのわたしを利用できますよ」という信号を。そして、彼らによる利己的な利用と恥の投げおろしの扉が開く。なかには**こき下ろしや巧みな操縦を使い分けて、相手の自己愛を膨らませて自分に縛りつけておく、危険なタイプの自己愛人間も存在する。**

サリーは自己愛の強い両親のもとで育った。子どもの頃から愛されたいと願い、認められようと必死に頑張ってきた。刺激的な相手と理想的な関係を築くことで、自分が重要な人間であることを、何とか証明しようとしてきた。だがサリーは、自分が不充分な人間だという、心の奥深くに潜む恥の感情に気づいていた。そして、わたしの治療を受けて、自分がいつも自己愛人間に惹かれては、自分自身の欲求や気持ちを無視されて、うまく利用されてしまう理由を理解した。

また、マイケルという男性が治療のためにわたしのもとを訪れたのは、うとうとしかけると、パニック発作を起こすためだった。発作を起こすのは、いつも上司との衝突が予想される前の晩だった。上司は自己愛人間であり、マイケルは数人の部下を抱える中間管理職である。アルコール依存症の母と暮らした幼少期の経験から、マイケルには「人を救い出す」という幻想があった。そのため、暴君のような上司から部下を守ることで、自分の自尊心を保とうとした。だが部下を守れないたびに、自分を弱い人間だと恥じた。その体験が、長年心の奥に閉じ込めてきた不安の扉を開いたのである。マイケルは異常に警戒して、戦闘モードに入ることで身を守っていた。そして眠りにつこうとすると、からだが強烈に反応して目が覚めてしまうのだった。

サリーにもマイケルにも自己愛的な傾向があった。それぞれ「完璧でありたい」「主導権を握りたい」という欲求を抱えていた。そして、「この人といれば、自分も特別でいられる」「このモンスターを退治すれば、自分の強さが証明できる」といった非現実的な幻想にしがみつくことで、しぼんだ自己や自尊心を膨らませようとしていた。

だがその欲求を棄てて、問題の根本に潜む恥の意識を直視し、自分の行動や態度を変えることで自己愛人間と距離を置き、自己愛的な傾向を克服したのだった。

プリズムと投影

自己愛人間にも、彼らがそのようにふるまう理由がある。人は誰でも、過去の体験のレンズを通して人生を見る。だが、自己愛人間が用いるのはただのレンズではない。**彼らが用いるのは、耐えがたい恥の意識を回避するために、外から入ってくるメッセージを屈折させて歪めてしまうプリズムである。**だから、彼らがあなたをどうとらえるかを、あなたのほうではコントロールできない。いつ彼らから攻撃されるかも、わからない。

自己愛人間は、自分の好ましくない面を絶えず相手に投影する。2章でも紹介したとおり、投影とは、自分の好ましくない性質や感情を、相手のものとしてなすりつける心の働きを指す。彼らは自分の悪い面を、あたかも自分ではなく相手が所有するような態度を取り、さらには相手にそう思い込ませてしまう。これは自己愛人間にとっても、あなたにとっても無意識のプロセスである。あなたは、彼らが払い落としたちりのように扱われたり、彼らの怒りや弱さ、不全感を受け取ったりするはめになる。

彼らが投げつけた感情を、あなたが吸い込む。べたつくような不快な一瞬のあと、その嫌な感情はもうあなたのものだ。

こんな場面を想像してみよう。あなたはショッピングセンターの駐車場で、ゆっくりとクルマを走らせている。スケートボードに乗った10代の少年が勢いよく飛び出してきて、あなたは慌てて急ブレーキを踏む。何とか避けたものの、少年は大声であなたを罵り、滑り抜けていく。

この時、攻撃性を露わにしたのは少年のほうであり、自分以外の人間が駐車場を利用する権利を認めないような態度を取った。ところが、少年のほうは自分の攻撃性を自覚していない。そして、それをあなたに投影して、駐車場を自由に利用する自分の権利を、あたかもあなたが侵害したかのように反応した。

この時、少年を追いかけて文句を言うか、突き飛ばしてやりたいなどと思ったら、そして、それが普段のあなたらしくない衝動であれば、「少年が投影した攻撃性」をあなたが受け取ったのだ。この手の体験は、自己愛人間とのあいだではそう珍しくない。ある状況で、いつになく、なぜか激しく反応してしまう原因もそこにある。

あるいはこんな例はどうだろう。あなたは、あるディナーパーティでとなりの席に座った女性と、知的で刺激的な会話を楽しんでいる。共通点が多く、気が合うと感じ、打ち解けた話をする。ところが、なぜか唐突に冷たい空気が流れ、彼女があなたに「どこの大学で学位をお取りですか？」と訊ねたかと思うと、急にそっぽを向いて、反対側の席の男性と話しはじめた。あなたは驚き、ばつの悪い思いをする。あなたには事の次第がよく呑み込めない。

さて、何が起こったのだろう。おそらくこういうことだ。あなたの無意識の行動か言葉が相手の自己愛を傷つけた。そしてその女性は、恥の意識をプリズムで屈折させてあなたに投影し、相手の恥をあなたが受け取った。あなたは知らず知らずのうちに相手の投影に協力し、相手が無意識のうちに回避した恥の意識を自分自身のものとして取り入れた。相手の冷たい態度に、あなたは軽蔑の念を感じ取ったかもしれない。ところが、自分が相手の恥を受け取ったことに気づく人間はほとんどいない。

だからこそ、自己愛人間とのつきあいは不快なものになる。「その感情が誰のものかを見極め」、「それが相手の感情であり、自分の感情ではない」ことを見極めるのは非常に難しいからだ。

相手の行動をコントロールすることはできない。だが、投影のプロセスを理解すれば、「あなた自身の反応を抑える」ことは可能だ。〝自分の〟感情が生まれるもとを理解して、その感情を〝自分自身のもの〟として受け入れることが、自己愛人間の毒から身を守る第一歩である。自分の感情はこれだと、自信を持って認められるようになれば、自己愛人間がプリズムで屈折した恥をうまく跳ね返せるようになる。

◉サバイバルのためのポイント

1 あなたのなかに恥の意識や不快感、怒りの感情、理想化を呼び起こす相手は、自己愛人間である可能性が高い。**相手の正体がわかれば、自分の身も守りやすい。**

2 彼らと一緒にいて不快感や激しい感情を覚えた時には、過去のどの「弱みのボタン」が押されたのかを自分に問いかけよう。同じように感じた過去の体験（弱みのボタン）を思い出して、自分がそのように反応した理由を客観的に探ってみよう。自己愛人間に対する弱点を認めてこそ、あなたは強くなれる。

3 自分が相手の投影に協力してしまったことに気づいたら、**彼らがあなたを利用して恥の意識を処理したプロセスについて考えてみよう。**相手の投影を個人的なものとして受け取らないこと。ついそう受け取りがちだが、実際は違う。**あなたはただ、彼らが恥の感情を処理する手段に使われただけにすぎない。**

4　彼らのせいで惨めな思いをした時には、うまく気持ちを切り替える方法を見つけよう。時には**「相手の精神年齢が2歳なみだ」と思うことが役に立つ。**

5　彼らが投影した恥を跳ね返す時、復讐したいという衝動を抑えること。**彼らに異議を唱えたり、説教したりしない。**彼らは無意識のプロセスを、あくまでも無意識のままにしておきたがる。何もわざわざ状況を悪化させ、不快な思いをすることはない。

6　あなたが投影を跳ね返したことを、心のなかで充分に確認すること。それが難しいのなら、個人的な助けが必要かもしれない。カウンセラーに相談してみるのもひとつの方法だろう。

11 戦略2 現実を受け入れる

幻想は自己愛人間の大きな特徴だ。事実の歪曲や捏造、誇張、自慢、嘘や否認……。彼らは恥の意識をもたらす現実をいろいろな方法で遠ざけ、幻想を維持して、誇大感と万能感とを支えようとする。そのためには共犯が必要だ。自分を承認し、いいつけに従う相手が必要である。なかには、大喜びでその役割を果たそうという者もいる。彼らは自分の価値を確認したい、生きている実感がほしいと望み、進んで自己愛人間の共犯になろうとする。自己愛人間が恥の意識を処理するために彼らを必要とするように、彼らのほうでも、虚しさを埋めるために自己愛人間が必要なのだ。

それにしても、多くの自己愛人間が社会の上層部を占めているのはどういうわけだろう。なぜ多くの自己愛人間が、政治家やトップアスリート、ロックスターや俳優として成功し、一流企業の経営者として忠実な従業員を率いているのだろう。女性が傲慢な男性に夢中になり、男性が虚栄心の強い女性を崇拝するのはなぜだろうか。

自己愛人間の魅力的な誘いに応じてしまうのは、自信をなくしてしぼんだ自己を膨

定価
935円
税10%

注文カード

貴店名

冊

書名	発行所
結局、自分のことしか考えない人たち	草思社
	著者
	サンディ・ホチキス／江口泰子訳

定価
（本体850円+税）

9784794224415

ISBN978-4-7942-2441-5
C0111 ¥850E

売上カ[ード]

サンテティ・ホチキス/江[口泰子訳]

結局、自分のことしか考えない人たち

定価
（本体850円+税）

草思社

書店様へ
■この券のついていない返品は入帳いたしかねます。

ISBN978-4-7942-2441-5 C0111 ¥850E

らませたいという、わたしたち自身の欲求のせいである。自尊心が揺らいでいる時や、人生が虚しく感じられる時には、自己愛人間がその問題を解決してくれるように思えるからである。

シャーリーンの話をしよう。彼女は立派な父親に憧れて、自分も医師になる夢を抱いていた。だが大学時代に恋に落ちて結婚し、子どもを生み、看護師の仕事に就いた。頭が切れるうえに、献身的な彼女の働きぶりはすぐに病院経営者の目にとまり、シャーリーンは有名な病院で専門部署の責任者に抜擢された。ところが、その魅力的な経営者は部下を褒めて操る野心家だったのである。彼女は病院のドリームチームに参加して、大きな代償を支払うことになった。

シャーリーンは仕事に忙殺された。週60時間も働き、4年間で体重が30キロ近くも増え、鎮静剤が手放せなくなった。病院の個室は第二の自宅になり、デスクの上には書類が積み上がった。経営者の誇大な幻想を支えるために、さらなる仕事も断らず、めったに休みを取らず、私生活もなかった。そんなシャーリーンが得たものは、結局のところ、オーバーワークでかさかさに乾き切った人生だった。

彼女のように、他人の夢のために己の身を捧げる人は多い。その相手が自己愛人間である時、忠実な貢献者は己を満たしているつもりかもしれないが、実際はますます空っぽになるばかりである。やがて、自分の犠牲を正当化するために、幻想の世界を受け入れるほかなくなる。病気になるには充分だ。

バーバラという女性もいた。わたしのもとを訪れた時、彼女は不眠と摂食障害に悩まされ、絶望的な気持ちや無力感を抱えていた。重度の抑うつ症状である。若くて高い学歴を持つバーバラは、本来ならば、もっと充実した人生を送れたはずだった。ところが実際は、嫌でたまらない仕事を続け、夫に敬意を持てずに離婚を考えていた。なぜ能力のある彼女がそんな惨めな生活を送っているのかと不思議だったが、ある時、その理由がわかった。

バーバラには秘密の恋人がいたのだ。妻子ある男性だった。ところが、相手の男性は自己愛人間であり、世間体を気にして、妻との理想的な結婚生活を装っていた。男性が地域社会の中心人物だったことから、バーバラは男性が離婚に踏み切れない理由を理解した。だが、バーバラが理解しなかったのは、自分がどれだけ貴重な人生を犠牲にしているか、ということだった。愛のためだけではない。彼女は、相手の男性が偽りの世間体を維持するために協力していたのである。

バーバラは不倫相手の男性を理想化した。社会的地位も功績もすばらしい。その男性と自分の夫を比較して、夫の長所を現実的に評価できなくなり、離婚した。彼女にとって夫の価値がなくなったからだが、もうひとつの理由は、相手の男性に「自分が次の段階に移る準備ができた」という合図を送るためでもあった。ところが、相手は離婚を考えてはいなかった。そうとわかると、バーバラは打ちのめされた。

自分が失ったものの大きさに気づいたのは、彼女が病気になって手術を受け、長い療養生活を送ったあとだった。いろいろな意味で自分は相手のそばにいたのに、自分が相手を必要とする時、その男性は自分のことを気にもかけてくれなかったのだ。その時、バーバラはすでに若さを失い、前途有望な人生の多くも失っていた。

◉サバイバルのためのポイント

1　自己愛人間の力を借りて夢を描くのではなく、自分自身の力で夢を見つけよう。**どれほど魅力的に見えたとしても、自己愛人間と彼らの非現実的な世界を避けよう。**彼らの幻想の世界に引き込まれれば引き込まれるほど、自分を見失うことになる。

2　**理想化した姿ではなく、相手の本当の姿を見ることが大切だ。**誰かを理想化することが、人生のいろいろな時期において重要な場合もあるだろう。ところが、自己愛人間を理想化する時には必ず危険を伴う。

3　自己愛人間が誰かに対して、嘘をつく、だます、見下す、傷つける、裏切る、利己的に利用するという行動を見せたら、次の相手はあなたかもしれない。その自己愛人間と特別な関係にあるからといって、自分は被害を免れると思ってはいけない。そういう幻想こそが、彼らの罠にはまった証拠であり、現実に戻れという合図なのだ。彼らが誠実にふるまうことはない。あくまで自分の自己愛を満たすために行動する。

4　相手の人間性を変えられるとか、自分のために変わってくれる、などという幻想は棄てよう。対人関係から何かを学んで、変わる人もいる。だが、そのためには「思いやりには思いやりで応える能力」が必要だ。自己愛人間にはその能力が欠けている。

5　時には夢を見るのもいいが、現実の世界から長い休暇を取ってばかりいると、その隙に押し入られ、人生を荒らされてしまうかもしれない。不法侵入と利己的な利用から身を守るためには、**自己愛人間に対する自分の弱点を認めるとともに、自**

分の長所もきちんと認めることだ。現実の世界に生き、持って生まれた才能を活かして、実りある人生を送ろう。自分の誇大感を抑制できないか、誰かを理想化せずにいられないのならば、あなたの幸せを妨げているのは、あなた自身かもしれない。

12 戦略3 境界を設定する

自己愛人間とは、「自分の欲求を満たしてくれる養育者と自分とが、分離した存在だ」と理解する前に、成長が止まってしまった人たちだ。精神年齢が2歳児のまま、愛情を注いでくれる万能の養育者と今も心理的に融合している。

彼らにとって、周囲の人間は自分の欲求を満たすために存在する。その欲求を満たさない者は利用価値がなく、心理的な意味で存在しないも同然だ。それ以外の点では充分に成長し、頭の回転も早く、ユーモアがあって教養もあり、魅力的でもあるが、対人関係を見れば彼らの子どもっぽい自己愛に気づくはずだ。**彼らは日常的に必ず境界を侵害する。**

境界の侵害のなかには見分けにくく、ごく「正常」に見えるものもある。あなたが育った家庭では、次のようなことが当然のように行なわれていなかっただろうか。

●きょうだいがあなたのおもちゃや私物を勝手に使用しても叱られなかった。

- きょうだいがあなたをからかったり外見を嘲ったりしても、咎められなかった。
- 親があなたの服装を選び、外食時にはメニューを注文した。
- 親がノックもなしに寝室や浴室に入ってきたり、電話を盗み聞きしたり、手紙や日記を無断で読んだりした。
- サッカー教室やピアノ教室などのお稽古ごとや放課後の活動を、親が決めた。

以上のようなことが当たり前に行なわれていた家庭で育った時、あなたは境界の重要性を理解しておらず、その侵害から身を守る方法も学んでこなかった。そして、大人になって次のような問題が待ち受けていた。

- 招きもしないのに、身内や友人がよく家に立ち寄る。あるいは引き出しやクローゼットを勝手に開ける。理不尽な頼みごとを繰り返す。困った時には、すぐに駆けつけてくるものと思い込んでいる。あなたとのあいだに第三者が入るのを嫌がる。誘われないと傷ついたような態度を取る。あなたと同じ服やクルマを買う。
- 配偶者が許可なくあなた宛の手紙を読み、財布やポケットの中身を調べる。黙って日記を読み、あなたにかかってきた電話を取り次がない。大切な持ち物を断りなく棄てられたことがある。

●ルームメイトや家族が、あなたの財布から黙ってお金を抜き取り、私物を無断で使用する。あなたのクルマを許可なく使う。

●訊いてもいないのに、身内や友人が育児についてアドバイスする。相談もなく、部屋の掃除や模様替えをする。

●家計や投資、貯蓄額、あるいはクルマや旅行に使った金額について、身内や友人が繰り返し質問する。

●親しい友人の恋人、職場の上司から、性的関係か恋愛関係を迫られた。

●隣人があなたの出入りを監視したり、窓や垣根越しに覗いたり、留守のあいだにあなたのペットと遊んだりする。

●上司が普段から昼休みや休憩時間の返上、残業、仕事の持ち帰りを要求する。あなたが職場を離れているあいだに、勝手に個室に入ったりデスクの上を調べたりする。

●からだを触る。プライベートな質問をする。外見について余計な意見を言う。あなたの気持ちについて、あれこれ推測したり論じたりする。

このような境界の侵害を、ある程度までは経験した人もいるだろう。納得できる理由がある場合もあれば、親しい間柄でたまに起きる場合もある。だが**自己愛人間は日常的に、特権意識を持って、あなたの境界を侵害する。**彼らの欲求はあなたの欲求よりも重要であり、彼らはあなたよりも世の中のことを何でもよく知っているからだ。もし、あなたが彼らのことを、「押しつけがましい」とか「失礼だ」などと思っているとわかると、彼らは「侮辱された」と思う。**彼らから身を守る方法は、ひとつしかない。あなたのほうで、境界を設定することだ。**

◉サバイバルのためのポイント

1　境界を設定する際の秘訣はコントロールだ。〝あなたの側による〟コントロールである。相手はあなたよりも人を操る術《すべ》に長けているから、入念に作戦を練っておこう。一番の目標は何で、期限はいつまでか。これまでに何を試したか。どんなことが成功して、どんなことが失敗したか。その時と今とではどんな違いがあるか。あなたと相手とのあいだで力関係に変化はあったか。それはあなたにとって有利に働くか、不利に働くか。味方になってくれそうな人はいるか。直接的な方法と間接的な方法のどちらに効果があるか。どんな具体的な方法を使えば、境界を守らせることができるか……など。

人生において、本当に無力な状況はめったにない。たいてい何らかの手だてはあるものだ。だが、いろいろな選択肢を考えたうえで行動を起こすことが大切だ。

2 相手と対等の立場に立って、自分の気持ちや意見、権利をはっきりと伝える「アサーティブ」という方法は、主体的な自己主張や自己表現の手段として非常に有効である。

ところが、**相手が自己愛人間の場合には効果がない**。なぜなら、もしあなたが自己愛人間に向かって、「わたしはあなたの延長ではない。あなたのしたことやしなかったことで、わたしは気分を害した」と伝えれば、自己愛人間はあなたの主張を、個人的な攻撃と受け取るからだ。彼らの行動や態度について、直接指摘するやり方も効果がない。彼らはほぼ間違いなく恥の意識を隠そうとして、投影などの自己防衛手段に出るからである。

相手との関係を壊したくないなら、メッセージを伝えながら、彼らが恥の意識を修復できる、なるべく穏やかな方法を見つける必要がある。冷静な態度を保ちながら、優しさと敬意も忘れないように。だが、あまりに軽卒に共感を示せば、相手が「自分は見下された」と思い、裏目に出るかもしれない。

信頼できる誰かに協力してもらって、メッセージをうまく伝える練習をしてみるのもいいだろう。言葉に出して練習すれば自信もつくし、客観的な意見や感想を聞かせてもらえれば、〝プレゼンテーション〟にも磨きがかかるからだ。

３　相手に会いに行く前に怒りをしずめておこう。あなたは自分を守るために、相手に会いに行くのだ。**大切なのは、あなたの気持ちがどれだけ楽になるのか、という点であることを忘れない。**衝動的な行動や仕返ししたいという欲求を抑えよう。面と向かって〝ぶちまけた〟瞬間は満足かもしれないが、感情を吐き出してしまえば、貴重なコントロールを失ってしまうからだ。

彼らに会う時間や場所も慎重に選ぼう。穏やかで客観的な態度を保つこと。幼い子ども相手に、境界を設定している時のように対応するのだ。**彼らの反応に対処するためには、あなたの側の冷静な態度が不可欠である。**

４　相手との関係が思わぬ展開を迎えることに備えよう。**あなたが自分で自分の人生をコントロールしようとし、自己愛人間の心の平静を乱す時、相手は必ず何らかの対抗手段に出る。**あなたが本気で独立して「自分自身になる」つもりか、覚悟を試してくるかもしれない。すぐにあなたの代わりを見つけ出して、あなたが喪失感を覚えることもあるだろう。巧みに操ったり、高圧的な態度に出たり、そそのかしたりして、あなたが設定した境界の取り消しを求めようとするかもしれない。その時には落ち着いて自分の感情を確かめ、目の前のできごとを見極めて、慎重に対策を練ろう。何度も同じ罠に陥らないことだ。

5　いったん設定した境界は、何が何でも守り抜く。途中で撤回すれば、「わたしのことを真剣に受け取る必要はない」という合図を送ってしまうからだ。

13 戦略4 相互関係を築く

自己愛人間の毒から身を守る最も効果的な方法とは、そもそも彼らと深く関わらないことである。それが無理なら、なるべく関わらないようにして、ギブ&テイクの関係が結べる健全な相手との交友を深めよう。

自己愛の蔓延する家庭に育った場合、親の自己愛はまず間違いなく、あなたに影響を及ぼしている。それでも、**現実を見抜く目や自制心を持ち、努力を重ねれば、幼少期から受けてきた親の自己愛の影響を乗り越えて、健全な毎日を送ることは可能だ。**自己愛人間の家族と一緒に暮らしているのなら、いったん距離を置くことも大切だろう。

「友だちはあなたが選ぶ家族だ」という言葉がある。家族のメンバーに自己愛人間がいる時には、健全な友人や恋愛相手を選ぶことが重要になる。

自己愛人間の親に育てられた子どもは、何度も同じ失敗をする。幼少期の体験を、友人や恋愛相手とのあいだで繰り返してしまうからだ。あなたは幼少期のドラマを再現して、その結末を友人や恋人とのあいだで何とか書き換えようとする。ところが現実を理解できないか、境界を設定できないために、同じ失敗を繰り返して同じ結果を招いてしまう。

だが、**あなたが自分自身の弱点を認めて、幻想や歪曲を見破り、利己的に利用しようとする相手から勇気を持って身を守れば、人生は変えられる。**健全な友だちや恋人を選び、相互関係を築くことはその第一歩なのだ。

◉相互関係の条件

1　双方が提供して、双方が利益を得る。与える側と受け取る側がいちいち説明しあう必要はなく、まったく同等である必要もないが、提供したものと引き換えに、自分も価値あるものを受け取っていると感じられる。

2　与える側と受け取る側の役割に柔軟性がある。与えるタイミングと受け取るタイミングを心得ており、双方が公平だと感じられる。

3　与えたほうは自分の貢献が評価されたと感じられ、与えられたほうは受け取ったものに対して感謝の気持ちが持てる。

4 自分と相手が分離した、別々の人間であるという感覚を持ち、お互いの境界を重んじている。問題が起きた時には、お互いの感情や立場を尊重しあって、双方が解決に乗り出す。

5 「スコアブック」をつける必要がない。誰が何をして、どっちがどっちに「借りがある」などと記録するのは、相互関係でないか、ギブ&テイクの流れが不規則になっている証拠だ。

あなたが健全な家庭に育っていれば、相互関係はとっくに身についているだろう。相手とのあいだに充分な境界を築き、幻想に頼る必要もない。恥を屈折させるプリズムも要らない。自分の長所も短所も現実的にとらえられる。共感する能力があり、相手の身になって考えられる。健全な人と交友し、私生活では人間関係の大きな争いを免れてきた。

健全な家庭に育ったにもかかわらず、不健全な自己愛に遭遇する時は、つきあう相手が選べない職場やクラブなどでのことだろう。自己愛人間はどこにでもいるからだ。彼らを避けられないのなら、自分の限界と弱点を認め、相手の正体を現実的にとらえて、境界を設定することだ。健全な家庭に育ったあなたは運がいい。自己愛人間を避けるのが難しい今の時代にあって、自己愛の毒の作用を中和して、相互関係を築く能力をすでに身につけているからだ。あなたほど運のよくない人は、大きな犠牲を払ってはじめて、健全な家庭の贈り物である自尊心を勝ち取れるのだ。

第3部では、自己愛人間から身を守るための「自分を知る」「現実を受け入れる」「境界を設定する」「相互関係を築く」という、4つの戦略を紹介した。

第4部では、以上の4つの基本戦略を5つの厄介な状況に当てはめて、さらに詳しく見ていこう。

14章では、**「青春期の自己愛人間」**について取り上げる。第二のよちよち歩きの時期とでもいうべき青春期には、正常な自己愛も、明らかに正常な範囲を逸脱した自己愛も見られる。その違いを説明しよう。

その青春期にはじまりやすいのが、依存行為である。15章では**「自己愛と依存症」**の問題に焦点を当てていく。恥の意識に耐えられない自己愛人間は、依存症や強迫症状を発達させやすい。

母親や養育者との愛着関係は、生涯を通して大きな影響をもたらす。「幼児期に愛されていると感じたか」「幼児期の自己愛をどう解決したか」。このふたつは、その人の恋愛関係を大きく左右する。16章のテーマは**「恋に落ちた自己愛人間」**である。

自己愛の膨れ上がったリーダーや上司は、部下や同僚に有害な毒を撒き散らす。今日の職場には、傲慢で無慈悲な自己愛人間があふれている。17章では**「職場の自己愛人間」**について探っていこう。

最後の18章では、**「歳をとった自己愛人間」**について紹介する。自己愛の肥大した親の場合、加齢はその親に容赦ない影響を及ぼす。時間切れが迫るなか、自己愛人間の親に育てられた子どもは、どう対処すればいいだろうか。

第4部

あなたのまわりの自己愛人間たち

14 青春期の自己愛人間――どこまでが普通か

青春期には、どこか大人の反感を買うものがある。正直に言えば、その反感のいくらかは、若さや若者に対するわたしたちの〝ねたみ〟と関係がある。青春期は、かつてわたしたちが誇りに思い、謳歌した輝きに満ちている。彼らの若さや活気、未来への希望を思うと、何だか惨めな気持ちになる。わたしたち大人は、彼らがつくり出す世界の二流市民のような扱いを受け、不要な存在のように思えるのだ。

青春期の若者には、自己愛人間のような行動や態度が見られる。だが、彼らは実際に自己愛人間なのだろうか。どこまでが正常な自己愛なのだろうか。

あの可愛かったうちの子はどこへ？

11、12歳の子を持つ親は、よくこんな話をする。以前は、キッチンやガレージで働く親のあとをついてまわって、秘密を教えてくれ、馬鹿げたジョークで笑い合ったものだ。ところがある日とつぜん、我が子はまともに口もきいてくれなくなった。むっつりと黙り込み、何を考えているのかわからず、まるで自分のことにしか興味がないみたいだ。あの子にいったい何が起きたのだろう。**我が子はとつぜん、自己愛人間になってしまったのだろうか。**

青春期を迎えた子どもは、自己愛人間のような行動や態度を取る。その原因として考えられるのは、まずはホルモンの影響である。視床下部と呼ばれる脳の部分が、下垂体と呼ばれる小さな内分泌腺に信号を送り、生殖器官に性ホルモンをつくるように促す。ホルモンが急に、それも特に男性ホルモンのテストステロンが分泌される（女性の場合にも多少は排出される）と、とつぜんキレて激怒したり、有頂天からこの世の終わりのように落ち込むなど、激しい感情の起伏を引き起こしたりする。だが実のところ、ホルモンの関与は、青春期の子どもにあらわれる変化の全体像の一部にすぎない。

ホルモン以上に彼らの心理に大きな影響を与えるのが、目に見えるからだの変化である。急激なからだの成長は8〜14歳（女子の場合は男子よりも早い）にはじまり、まずは四肢が伸びるため、しばらくは手脚が長く見える。10〜12歳になると、旺盛な食欲のせいで、脂肪が蓄積されて体重がぐっと増える。蓄えられた脂肪の一部を燃やして今度は身長が急激に伸び、残りは男性と女性に特有のからだをつくるためにまわされる。女子では胸が膨らみ、男子ではヒゲが生えはじめる（ニキビにも悩まされる）。

からだの成長に伴い、10代の子どもたちは自分たちが〝不格好だ〟などと思うようになり、周囲が自分を嘲りの目で見ていると思い込む。そしてつねに屈辱を感じ、それが身構えた行動や態度につながる。我が子に自己愛人間のような言動が見られたら、それは彼らが「恥を処理する手段」なのだと考えよう。

心身の変化とともに知性も発達する。小学校の半ばくらいから論理的に考えられるようになり、10代では抽象的な思考もできるようになる。知識が増えたために、一般的な前提から個別の結論を導き出す演繹的思考が可能になると、知性を柔軟に働かせることは、かつて校庭で追いかけ合ったり、ジャングルジムにぶら下がったりしたことと同じくらい面白くなる。1歳児が世界と恋をするように——そして、それをずっと高度にしたかたちで——10代の若者は、自分自身の夢やいろいろな考えと恋をする。

この時期の若者は演繹的な思考能力によって、自分が実際には体験できない世界をも想像できるようになる。ところが皮肉にも、彼らの考えに影響を与えるのは、もっぱら彼ら自身とその世界なのだ。青春期の若者は、よちよち歩きの頃のように「自己中心性」が正常な思考の一部になる。しかもその目的が、「新しい環境に適応するため」という点もよく似ている。よちよち歩きの頃と同じように、青春期の若者も自分を強くて優れた存在と思えなければ、萎縮して前へ進めないのかもしれない。

この時期の若者は自分自身に大きな関心を持つ。自分の考えや感情、体験は個性的で特別であり、自分自身を実際よりもはるかに重要な存在だと思い込むが、それはごく正常なことである。つねに想像上の観客の前で演技をしているようなものであって、他者の考えを――それも特に相手が自分をどう思っているかを――推測する傾向が強くなる。そしてその自己中心性ゆえ、「自分が本当だと思うことが現実だ」と思い込んでしまう。

このような青春期の演繹的思考と自己中心性は、万能感と誇大感にあふれたふたつの幻想を生み出す。ひとつは「自分以外の人間には危険でも、自分はその危険を免れているという幻想の無敵神話」であり、もうひとつは「自分が個性的で偉大で、神秘的ですらあるという幻想の個人神話」である。

限界に挑む子どもたち――幻想の無敵神話

まずは幻想の無敵神話について説明しよう。10代の若者は自分を無敵と思い込み、危険な行為に熱中する。喫煙、飲酒、ドラッグ、避妊しない性行為、エクストリームスポーツ、危険運転、さらには犯罪行為まで。その怖いもの知らずの行動は、単なる無謀さのあらわれではない。新たな環境に適応する目的もある。1歳児が周囲の探検に乗り出すために、自分を無敵だと感じる必要があるように、成人まであと1歩に迫った10代も、大人の課題に取り組んだり成熟した能力を発達させたりするために、自分を無敵だと感じる必要があるのだ。

ベンは6歳でスケートボードをはじめ、10歳の時にはスノーボードでハーフパイプを滑り降りた。16歳でエクストリームスポーツに挑戦して、死を覚悟で崖から飛び降りた。母親のジーニーはしょっちゅう祈り、高額な医療保険を払い続けている。あんな危険な行為を許すなんて親の務めを放棄していると周囲には言われるが、どこかの裏通りで我が子が不良仲間と危険な遊びに熱中したり、ドラッグに手を出したりするよりは、生まれながらの才能を活かしたほうがましだと考えている。ベンは学校の成績も悪くなく、将来の夢はアクション映画の監督だ。

子どもの欲求を活かすタイミング、抑えるタイミング——幻想の個人神話

青春期に見られるもうひとつの特徴は、幻想の個人神話である。10代の若者は実際の才能や努力とは無関係に、自分が特別な存在であり、注目を浴びて当然だと考える。それが一過性の特権意識の範囲を超えている場合には、不健全な自己愛が潜んでいる

可能性が高いが、その幻想が意欲につながり、努力と継続によって夢をかなえる場合には、健全な自己愛が働いていると言えるだろう。

　マーラには夢があった。子どもの頃から、母親のドレスやアクセサリーを身につけ、いろいろな役になりきってお芝居に興じた。その才能を認めた両親が歌やダンス、演技のレッスンに通わせてくれたおかげで、中学生になった頃にはエージェントに声をかけられるようになった。だが何ごともバランスが大切と考えた両親は、娘にベビーシッターのアルバイトを勧め、ボランティア活動にも参加させた。10代も後半になると、マーラも両親とぶつかったり、激しい感情を爆発させたりしたものの、その嵐も何とかうまく乗り越えた。マーラは今、情緒の安定した女性に成長して、有名な芸能スクールで演技を学んでいる。

　誰もがこれほど幸運なわけではない。マーラには、思いどおりにさせて娘を励ますタイミングと、それ以外の経験も促して、娘の自己中心性を抑えるタイミングとを心得た両親がいた。自己愛と自己中心性とを正常な範囲にとどめることは、親子のどちらにとっても難しい。この時期の若者は「広い世界観」を身につけるとともに、「その世界のなかで、自分の立場を現実的にとらえる能力」も発達させなければならない。だがその機会を奪われた子どもは、狭い世界の中心にはまり込んでしまう。

親は我が子の才能を認め、本物のスキルを習得できる機会を与えて励ます必要がある。特別な才能のない子どもにその能力を求めたり、どう考えても無理なのに、ただひたすら「やればできる！」などと連呼したりすることは慎むべきだ。

行きすぎた自尊心の植えつけ

この数十年というもの、学校教育は、子どもに「自尊心」を植えつけることを第一の目標にしてきた。子どもが自分自身に「よい感情」を持つことは重要に違いない。だが、その教育のあり方は意図しない影響も生んできた。

まずは小学校に新たなカリキュラムを導入して、自尊心の植えつけに焦点を絞った結果、本来の能力を開発する教科の授業を締め出してしまった。そのため、実際に習得すれば、子どもたちが自分に自信を持てるようになる知識やスキルを身につける機会を、彼らから奪ってしまった。

しかも、子どもたちは現実の成績には関係なく、自分を肯定するように励まされ、「大切なのは結果ではなく努力であり、悪い気分を味わうのは間違ったことだ」という、隠れたメッセージを吸収するようになった。「望む結果が得られずに気持ちが傷ついた時には、責任は自分以外の誰かや何かにあって、自分は努力したのだから、その報酬を得る権利がある」と学んだのだ。自分は特別だから、よい結果を得られて当然だという権利意識は、本当の自尊心を危機に追いやってきた。なぜなら本当の自尊心とは、願望によって手に入るものではなく、実際の習得によって得られるものだからである。

そのようにして、「何でも願ったものになれる」「何でも望んだものが手に入る」「精一杯頑張ったのだから報われて当然だ」という、虫のいい期待を持つ若者が増えた。それは、アメリカで抑うつ症状を訴える人が増えたという事実や、最初に抑うつを訴えるのが青春期だという事実と、無関係ではないように思える。

なぜ退行するのか

青春期の重要な課題は、幼少期にはじまったプロセスを完了させることにある。すなわち、「時や環境が変わっても行動や態度の一貫したひとりの人間として、全体的かつ分離した自己感を形成するプロセス」である。この時期、彼らは大人の責任を一時的に猶予されて、いろいろな機会を与えられる。さまざまな役割を試して、自分に合った役割を見つけ出す。このプロセスの終わりには、個人の確固たるアイデンティティと、より大きな社会集団の規範との連帯感を獲得する——いわゆる「人格の形成」

である。

このプロセスの痛みを伴う部分は、親の権威に依存する幼少期の結びつきを断ち切ることだ。親の存在が不要になるわけではない。それでも、青春期には乳幼児期の親子の結びつきを卒業する必要がある。

「分離―個体化プロセス」と「青春期」とは驚くほど似ている。たとえば、自分のものと他者のものとを選り分ける幼児のように、青春期の若者も、自分と親や家族とを心理的に区別する必要がある。どちらの時期も、急激なからだの成長を体験する。若者の「練習期」では、より広い範囲の自由を試すことになる。その反抗的な態度やキレやすさも、練習期の子どもが体験する急激な情緒の変化に似ている。また、親の保護を求めるいっぽう、その支えを憤然と払いのけるという、若者が親に抱くアンビバレンスも、「再接近期」の特徴と酷似している。どちらも親に呑み込まれる不安と闘いながら、別個のアイデンティティを確立しようとする。

青春期に起こる〝第二の個体化プロセス〟では、親への愛は自分への愛に取ってかわる。青春期の若者は、水面に映る自分の姿に心奪われたナルキッソスのように自分に夢中だ。だがその裏では、**精神の再構築が進行中である。そしてその再構築を完了するためには、より幼児的で自己中心的な考え方へと〝心理的に退行〟しなければな**

らない。

こうして、青春期の若者は一時的に自己愛の状態へと退行する。それは必然的で正常なプロセスだ。退行してはじめて、より成熟した仮の人格が、かつて乳幼児期に体験した「養育者と融合したい」「その融合を破壊したい」という欲求と接触でき、それらの衝動をうまくコントロールできるからだ。この嵐をくぐり抜けたあとに生まれるのが人格である。そして青春期の終わりには人格が形成され、子ども時代の無力感や不安感は大人の自己に統合される。若者は人格を得たおかげで、健全な自己愛を体験でき、人生の可能性を自由に追求できるようになる。このプロセスは、健全な自己愛のエネルギーなしには起こりえない。

ところが、あいにく全員がこのプロセスを無事に通過できるわけではない。

自己を獲得するプロセスに失敗する時

健全なアイデンティティの発達を阻み、青春期の自己愛を長引かせる原因として、次の3つが考えられる。

●**第1の原因：早期完了（権威受容）**

文化や家族の期待に萎縮して、通常の体験に踏み出せない時に起こりやすい。**親が高圧的な自己愛人間の場合が多く、子どもが分離欲求を示して独立しようとすると、親が子を罰しようとして、心理的か実際に子を見棄てると脅す**時に起こる。その危険を察知した子どもは分離を諦め、早々に親の期待に応えることにする。そして自己発見の旅に出かけることもなく、父親のような医師になったり母親の夢だった職業に就いたりする。こうしてアイデンティティ確立のプロセスは挫折し、後年、子どもは他者の期待に応えて相手を喜ばせる時にしか、いい気分を味わえなくなってしまう。

●**第2の原因：否定的アイデンティティの形成**

それまで教わってきたものに反抗して、否定的アンデンティティを形成する。そのような若者は、自分は独立心が強くて、時代を先取りしていると思いがちだが、実のところ、彼らのアイデンティティは権威に反抗してつくられたものであって、教わったものごとと、自分自身が見つけ出した価値観とを融合してつくり上げたものではない。そこには、成熟した自己分析のプロセスもなければ、特定の社会集団の肯定的な価値観に対する帰属意識もない。あるのはただ、自分には達成できないか、自分にとって魅力的ではない期待に対する、怒りに満ちた拒絶だけだ。特権意識が満たされない失望から、彼らは激しい怒りを覚える。アイデンティティが何かに対する支持ではなく、反抗にもとづくかぎり、不健全な自己愛はなくならない。

●第3の原因：アイデンティティ拡散

このタイプの若者は、目標の達成に関心がない。どんな役割を引き受けることにも消極的だ。宿題をすませるとか、大学を選ぶ、仕事を見つける、将来を真剣に考えるといったことがなかなかできない。精神的な絆や将来の約束もないままに、性的関係を持ったりする。自分のアイデンティティにはまったく無関心に見える。最も幼児的な自己愛と言えるだろう。偽りの自己はしぼんだままで、誇大感や万能感もなく、習得の体験やアイデンティティの獲得に駆り立てられることもない。

10代の怒りはどこからくるか

今日の若者は、世間で高く評価されるものが何かを知っている。そして、ほとんどの10代は、それが自分たちではないことにも気づいている。今日の世間で重視されるのは、外見の美しさや金、成功、権力である。だから若者が、「格好よく見られたい」

「仲間より優れていたい」「ほしいものを手に入れたい」「支配したい」と考えたところで不思議ではない。

彼らは、自分たちの文化が理想とする姿に自分もなりたいと切望するが、その機会が得られなければ屈辱感を覚え、激怒する。さらには手本となる大人や、耳を傾け、理解してくれる親が、比喩的な意味でも文字どおりの意味でも家にはいない。アメリカでは、共働きの家庭や母親が働きに出ている母子家庭が増加し、子どもがひとりで過ごす時間が増えている。親や教師、同級生と気持ちが通じない、と訴える子どもも多い。

自己愛の肥大した親が自分のことに夢中で、子どもと一緒に過ごす時間が少ない時、その子どもは誇大な自己愛を抱えたまま育ってしまう。あるいは少なくとも恥の意識に人一倍敏感で、強い負の感情を処理できず、攻撃的な衝動を抑制できない子どもに育ってしまう。正常に機能しない親と、正常に機能しない親子の絆は、感情や行動をコントロールできずに、自分以外の権威を認めない若者を生む。そうした若者が青春期の問題にぶつかる時、暴力を招く。

◉サバイバルのためのポイント——10代の自己愛の手綱を握る

戦略1：自分を知る

特権意識が強くて傲慢な10代は、世間の常識を無視した行動や態度で大人の反感を買う。その若者が我が子である場合には、こう自問自答してみるといい。わたしには自己愛の傾向があるのではないか。親の自己愛のどんな特徴や弱点が、我が子の問題の一因になったのだろうか。社会、学校、政府、メディア、別れた配偶者など、自分にはコントロールできない原因を責めたところで、解決策は見つからない。だからこそ、あなたにコントロールできること、つまりあなた自身の行動や態度を見直すために、まずは次のような項目について考えてみよう。

- 親の価値観や期待を、はっきりと子どもに伝えているか。
- 親だからという理由ではなく、これまでの生き方によって子どもに尊敬される人間か。
- 子どもの独立性と個性を尊重しているか。
- 子どもが本当に必要とする時をわかっており、その時にはそばにいて、我が子を導いてやれるか。

- 我が子の活動を充分に見守っているか。
- 自分の頭で考えるように励ましているか。
- 人格形成の機会を与えているか。
- 特権や自由の拡大を、我が子の成長の証しととらえているか。
- 親の自分が間違っていた時には、きちんと子どもにそう認められるか。

子どもは、あなたの言葉を聞き、あなたの行動を見ている。親を拒絶する態度を見せた時でさえ、あなたの導きと支えを必要としている。人格の贈り物を与えよう。彼らに尊敬される人間になるのだ。

戦略2：現実を受け入れる

自己愛の肥大したよその子どもは変えられないし、我が子にもすぐに変化をもたらすことはできない。

世界は危険な場所になりつつある。何の思いやりもない、怒りに満ちた、恥知らずな人間が堂々と通りを歩き、そのなかには10代の若者も含まれる。彼らとの衝突をできるだけ避け、面倒な事態が回避できない場合には平静を保とう。

同時に、悲観的になりすぎないこと。10代の若者が全員、社会に不適応なわけではない。彼らのほとんどは、正常な発達段階を経ているだけにすぎない。しかも今の時代、彼らは大人には想像もつかないほど難しい状況のなかで、青春期を過ごしているのだ。

我が子の不健全な自己愛を案ずるのなら、彼らの誇大感と特権意識をしぼませ、怒りをしずめ、恥の許容量を高めるために、家族のあり方を変える必要があるだろう。我が子だけの問題ではなく、家族全員の問題だととらえるのだ。そして、家族のメンバーそれぞれの役割を決めるとともに、家族みんなの怒りをコントロールする方法も考え出さなければならない。

あなたに自己愛の傾向がある時には、あなた自身が誇大感や完璧主義、何もかもコントロールしたいという欲求に、振りまわされないことが大切だ。

戦略3：境界を設定する

我が子であろうと、よその子であろうと、容認できない行動や態度を我慢しない。よその子どもの場合には、別の親か外部の権威者に、あなたたち親子の保護を求める必要もあるだろう。たとえ効果があると思えなくても躊躇しないことだ。きちんと対処されるまで粘り強く訴えよう。重要なのは、不健全な自己愛に反対の意を示すことである。相手がまだ考えの柔軟な若者であれば、なおさらだ。自己愛の強い同級生がいるならば、その子を避けるよう我が子に教えよう。

不健全な自己愛が我が子にあらわれている場合には、どんな行動や態度が容認できないかを伝え、我が子がそうふるまう理由も考えよう。理由がわからなければ、効果的な境界や制限を設定できない。ただし親のあなたが一方的に設定してしまえば、子どもはあなたを「独断的で子どもの気持ちがわからない親だ」と思うはずだ。まずは、**我が子が自分の内面を探って、自分の感情をうまく言葉であらわすように促し、子どもと話し合う必要がある。**

我が子の行動や態度に寛大な光を当てよう。それは、彼らの行為に言い訳を与えることではない。本人の自覚と自制を促すのだ。行為はよくなかったが、悪意はなかったと解釈しよう。そうすれば、「行為自体には失望したが、もっと適切に行動できる能力があるとわかっている」というメッセージを送ることになる。

たとえば、あなたの息子が学校で喧嘩をしたら、怒りの原因を突き止める力になろう。そして、その怒りが本人にとって、筋の通ったものかどうかを確認し、「問題をもっとうまく処理できる別の方法を思いつけるかどうか」も訊ねよう。「喧嘩は容認できる感情の容認できない手段」であることを明確にする。子どもの気持ちに理解を示しつつ、「お前には停学処分を避けるだけの能力があるはずだ」と伝えるのだ。

あるいは、宿題もせずにショッピングモールに遊びに行こうとしたところを注意して、娘がカッとなって反抗したら、今すぐに出かけなければならない理由と、宿題をいつ終わらせるつもりかを訊いてみよう。宿題を先にすませるよう言い聞かせることは、現実的になって、お楽しみを後まわしにするよう教えることだ。

親のあなたは子どもに境界や制限を設けるべきだが、それと同時に、我が子には自分の意見や考えもはっきりと口にできる機会も与えよう。冷静で断固たる態度の大人を前に、自分の意見や考えをきちんと伝えることは、彼らの人格形成と、現実的な認識の発達を促す絶好の機会になる。

重要なのは、あなた自身が怒りを抑え、子どもに恥をかかせるような言動を慎むことだ。誠実に対応しよう。突き放さないこと。そうしないと、子どもから「独断的で冷淡な親だ」と思われ、ますます彼らの怒りを買いやすい。子どもから怒りの反応が返ってきたら、まずは親であるあなた自身の行動や態度を振り返ることだ。

子どもが約束を破った時のルールは、親子で話し合って決めておく。親の権威を振りかざして一方的に決めるのではなく、子どもが公正だと感じられるように、お互いの意見が一致するように心がける。ただし、「ルールを設ける権利は親のほうにあり、その決まりに子どもが従うことを期待している」と伝えよう。そして、話し合って決めた目標に向けて、子どもが努力しているかどうかをつねにチェックすることだ。

戦略4：相互関係を築く

10代の若者と相互関係を築くのは難しい。彼らは自分に都合のいい方法でしか、それもほんの少ししか、親を自分の世界に招き入れようとしない。「親や家族と過ごしたくない」という彼らの欲求と、「家族の生活に参加してほしい」というあなたの要求とのあいだで、うまくバランスを取る必要がある。青春期を迎える前の子どもと心が通じ合っていたのなら、青春期の嵐を乗り越えたあとには相互関係も戻るだろう。

だが、もしわが子が幼少期から自己愛の問題を抱えていたのなら前途多難だ。彼らがよちよち歩きの頃に取り組んでおくべきだったプロセスに、あなたは改めて着手しなければならない。手強さを増した「魔の2歳児」を相手にするためには、断固とした、それでいて思いやりのある態度が必要だ。

◎ジニーの場合——よい母親とは？

ジニーは4人きょうだいの一番上に育ち、両親はともに自分のことしか頭になく、子どもに対して要求が厳しく思いやりもなかった。母親はいつも疲れ、父親は不機嫌で、思いどおりにならないと暴君のようにふるまった。ジニーは意見を言うことはおろか、自分の感情を持つことすら許されず、弟が生まれるとすぐに仕事を割り当てられた。学校から帰ると哺乳瓶のミルクを温め、おむつを替え、夜は本を読んで寝かしつけた。18歳の時に、そういう境遇から逃げるようにして結婚した。

だが、夫は両親と同じようにジニーを支配した。子どもが生まれると、まるで実家にいた時のように誰もが何かを要求し、ジニーは四六時中利用され、1日の終わりには疲れ切っていた。耐えがたい虚しさを感じた。そしてその空白を、これまでに覚えてきた唯一のこと、つまり人の面倒を見ることで埋めようとした。

彼女は最高の母親になろうと誓い、子どもが決して不幸ではないよう何から何まで面倒を見た。やがて子どもたちは、自分の不満は母親のせいだと思うようになった。思春期を迎えた娘はひどく臆病になり、つねに母親につきまとった。いっぽうの息子は怒りっぽく怠惰で孤独だった。子どもたちが不幸なのを見て取り、ジニーは激しい罪悪感に苛まれた。結局、自分はひどい母親だったのではないか。そこでジニーは努力を倍加した。娘の運転手役を務め、息子にパソコンを買い与えて機嫌を取った。

だがある日、ジニーの我慢も限界に達した。自分にも何かがほしい。わたしの気持ちも気遣ってほしい。家族のために費やした時間やお金を、当然の権利ではなく贈り物とみなしてほしい。変革のはじまりだった。

まず、娘にはもっと同級生とつきあい、自分のことは自分でするように言い聞かせた。娘の頼みを断り、自分の自由を守った。最初こそ激しい怒りが返ってきたものの、そのうち娘は母親の巣を飛び立ち、友だちと出かけるようになり、自信を持ちはじめた。母親に思いやりの気持ちさえ見せるようになった。

だが、息子はもっと難しかった。人に指示されることを嫌がり、望みはこれまでどおり自動的にかなえられて当然だと考えた。そこで、ジニーは息子と相互関係について話し合った。彼には驚くようなことだった。「家族は思いやりの気持ちから、お互いがお互いのために何かをする」という考えを、息子はその時はじめて知ったのだ。

家族どうしの交流パターンは、そうすぐには変わらないだろう。だがジニーは、本当にいい母親になりたいのなら、他者に与えるという考えを息子にちゃんと教える必要がある、と理解するようになった。

自己愛の蔓延する家庭では、一部の者が与え、一部の者が受け取る。ギブ&テイクの両方を兼ねる者はいない。青春期の我が子の自己愛に悩んでいるのなら、彼らに教えてきた価値観と示してきた手本を、今一度、自分に問い直してみよう。相互関係は態度である。だから、まずは子どもに教える前に、あなた自身がその価値を信じていなければならない。

15 自己愛と依存症——共通する恥の感情

不健全な自己愛の根底には、恥の意識が潜んでいる。年齢や状況に関係なく、誰にとっても恥は耐えがたい感情だ。だからこそ、あらゆる方法を用いて追い払おうとする。ドラッグやアルコールは、現実から逃避できる手っ取り早い方法だろう。深く染み込んだ恥の意識は、人を依存行為や強迫行為に駆り立てる。依存症と自己愛との情緒的な関連性を指摘する専門家も多い。

自分が欠陥のある人間だという恥の意識は、激しい自己愛の傷つきをもたらし、気分を変えたいという抗いがたい欲求を生む。

◎ミッチの場合——傷ついた悪い自己

母親お気に入りのフローリングを傷つけないよう、ミッチはいつものように玄関で靴を脱いだ。家族が寝静まった夜には、靴下を履いた足で長い玄関ホールを一気に滑り抜ける。母親自慢のアンティークの机やクリスタルの花瓶、美しく活けた薔薇の花を通り越し、突き当たりの大時計にぶつかる寸前で止まる遊びを繰り返す。ドラッグでハイになっている時に、母親が大切にしている家具や装飾品を壊すかもしれないと知りながら、この単純な遊びに興じるスリルはたまらなかった。

だがその夜は違った。「遅かったな」書斎から父親の声が響く。ミッチは顔の表情を消して、書斎に入った。「何のために、高い時計を買ってやったと思ってるんだ」父親の叱責がはじまった。「時計の針が読めないのか！」

「僕はただ友だちと……」ミッチの声を父親がさえぎる。「負け犬の友だちのせいにするな」大声を上げ、マティーニのグラスに手を伸ばす。すでに4、5杯は飲んでいるはずだ。説教が数分続いたところで、父親のエネルギーが切れたようだった。「もう出て行け、このできそこないが」

2階に上がる途中で母親に会った。「あら、帰ってたの」母親がにっこりと微笑む。「ママのお部屋に来て、今晩、何をしてたのか教えてちょうだい！」母親のこういう親密ぶったお芝居が、ミッチは大嫌いだった。母親はまるでミッチとは大の仲良しで、息子の気持ちを何でも理解しているようなふりをするのだ。だが、ミッチが本心を明かしたことはない。それにこの夜、母親の〝仲良しごっこ〟につきあう気にもなれなかった。「疲れてるんだ」そう言って顔を背けると、母親の失望が痛いほど伝わってきた。ミッチの心は、耐えがたい重苦しさで膨れ上がった。

ミッチは自分の部屋に入ると、灯りを消して好きな音楽をかけ、ベッドに大の字になった。マリファナが切れて不快な気分だった。暗がりのなか、数カ月前に買った鎮静剤を取り出して、1粒口に放り込む。

温かく優しい感覚が、からだのすみずみに広がっていく。はじめてマリファナを試したのは、中学2年の時だった。ドラッグが悪いことは知っていたが、友だちと隠れてマリファナをまわしのみするのは、ちょっとしたスリルだったし、ドラッグがもたらす甘美で、それでいて自分が大きな力を持ち、ものごとを支配しているような気分も好きだった。ドラッグを試せば、自信のない、いつものぎこちない自分ではなくなる。普段の嫌な気持ちとは似ても似つかない。魔法にかかったみたいなのだ。こうしてミッチは、悪い気分を追い払う方法を見つけ出した。

その夜、一筋の涙が頰を濡らし、ドラッグという唯一の慰めに優しく抱擁されて、ミッチは眠りに落ちていった。

自己愛の蔓延する家庭

自己愛人間と依存症の人間には共通点が多い。どちらも問題を抱えた家庭で育った。

育児にも共通点が見られる——子育ての方針に一貫性がない。親子のあいだに境界がない。子どもの面倒を熱心に見たかと思えば、とつぜん怒りを爆発させたりする。子どもに共感を示せない。このような親は、健康な自己を、あるいは健康な脳をつくる機会を子どもに与えてやれない。

母親が子どもの感情に波長を合わせず、情緒の負担をやわらげてやらないと——それも特に、母親と離れていたあとに見せる気分の低下にうまく応えてやらないと——大切な神経の発達を妨げる。すると子どもは、激しい感情を調節したり、衝動を抑制したりできず、欲求不満の許容度も低いままになってしまう。脳の発達がピークを迎える練習期のはじめ（生後10カ月〜1歳）と終わり（1歳4カ月〜1歳半）に、共感に満ちた世話が受けられないと、脳の重要な領域が未熟で未発達のままになってしまうのだ。

激しい感情を自分で調節できない人間は、「感情を調節する補助装置」として化学物質を用いているのかもしれない。彼らの温度調節器《サーモスタット》は本質的に欠陥があり、感情が過熱しやすい。そこでその過熱を薬物で落ち着かせて、発達しなかった神経経路を補おうとする。薬物は自己愛の幻想や誇大感、万能感を誘発する。恥の意識や抑うつからも解放してくれる。**自己愛人間が恥を回避する方法を見つけたように、薬物依存症**

の人間も、脳の発達の重大な欠陥を補う方法を見つけたのだ。

自己愛の強い親は、子どもの道徳意識の発達も妨げる。子どもが善悪を判断する手本に、親がなれないからだ。そして、青春期を迎えた若者にドラッグの誘惑が忍び込み〝気晴らしのお楽しみ〟を提供する。手本となる親を奪われた子どもにとって、ドラッグは心にあいた穴を埋めるパテとなる。

自己愛と薬物依存症に共通する欠陥

自己愛人間と薬物依存症の人間に共通するのは、誇大感と万能感である。専門家によれば、薬物依存症の人間が再現しようとするのは、「理想的な相手に制限なく世話をされた、乳幼児期の幻想の世界」だという。そのため、何かを制限されたり、相手との関係に失望したりすると、彼らはとたんに幼稚な感情を爆発させる。自分の能力の限界に気づくと、恥の意識を抱く。理想化した相手が自分の期待に応えてくれず、すべてを与えてくれるわけではないとわかると、棄てられたと思って孤独感に苦しむ。自己愛人間も薬物依存症の人間も、そのような不快な感情を健全な方法で処理することができない。彼らの描く理想的な世界が崩壊する時、自己愛は傷つき、憤怒の感情が湧き上がる。

自己愛人間も薬物依存症の人間も、相手やものごとを、思いどおりにコントロールできるという「万能の支配感」を持ちたがる。そのいっぽう、相手をなかなか信用できない。短気で、すぐに結果を求める。相手を容赦なく利用して、性急に満足を得ようとする。自分の本当の能力が暴露されるような、緊張や苦痛や挫折には耐えられない。そこで彼らは、実際の自分の能力に対する不安をドラッグで紛らわせようとする。そして、慰めを与えてくれた母親や養育者を、自分がコントロールしていると感じられた、乳幼児期の心理状態を味わおうとするのだ。

薬物の好みと、分離――個体化プロセスの停止

青春期はアイデンティティを形成し、確立していく時期である。それまで内面に取り入れてきた大人の、それも特に親の行動や態度、価値観が徐々に選り分けられ、試され、統合されるか却下されて、成熟した自己を形成していく。だがそのためには、幼少期の受動的な体験を、能動的な活動に転換しなければならない。ところが、心理構造に欠陥を抱えた若者にとっては、青春期に特有の不安や気分の落ち込み、からだの不快感が耐えがたいものに思える。そしてその時に、何かを積極的に習得したり、新たな環境に適応したりする必要もなしに、手っ取り早く気晴らしを得る方法がドラ

ッグというわけだ。

ある調査によれば、1998年には、全米の高校3年生の4人にひとり以上が違法な薬物を摂取し、ふたりにひとりが過去に試した経験があったという。彼らが生まれた1980年前後は、社会に自己愛文化と薬物使用とが蔓延した時期である。ドラッグにかぎらない。アルコールや摂食障害、ギャンブルといった依存症に苦しむ者も数百万人にのぼる。10代の若者が薬物体験を好んだとしても、驚くにはあたらない。

1960年代後半、薬物の常習者が好みのドラッグを、「気分食《ムード・フード》」「インスタント・ママ」と呼んだことに着目した研究者は、薬物が誘発する「退行状態」を調査して、乳幼児期の発達段階とドラッグとの類似点を発見した。実際、幻覚剤や麻薬、鎮静剤、覚醒剤には、乳幼児期の情緒を再現するような効果がある。

LSDなどの幻覚剤は自己の境界を失わせる。たとえばLSDで〝トリップ〟しているあいだ、自分のからだが融合したり吸収されたりするような感覚や、主体性を失うような感覚（自己感の喪失）を味わう。LSDを試せば、まさしく他者との結合や融合という願望が、幻覚のなかで満たされるのだ。それは、すべてを与えてくれた母親やおもな養育者と一体化していた状態を取り戻す試みのようだ。

1歳半頃の幼児が、近くに母親の姿を見つけられないと、気分の低下状態に陥ることはすでに述べた。幼児は動作が鈍り、内にこもったように見える。周囲に最低限の反応しか示さず、エネルギーを節約しているかのようだ。**アヘンやヘロインなどの麻薬は、同じように穏やかな無気力感を招き、現実との関わりを減らし、万能感や自己充足の幻想をもたらす。**アヘンを吸うと陥る「朦朧とした」状態は、乳幼児期の自己愛の状態に似ているのかもしれない。

睡眠薬や鎮静剤には、心の奥に潜む怒りや攻撃性をしずめる効果がある。乳幼児期に発達が止まったままの者にとって、怒りや攻撃性は、卒直に表に出せない感情かもしれない。恥の意識や孤独、不安も軽減されるのだろう。それらはまさに、母親の姿が見つけられずに、母親が二度と戻らないのではないかと恐れる、練習期の子どもが抑制していると思われる感情だ。

そのいっぽうで、**コカインなどの覚醒剤は、よちよち歩きの1、2歳児の無限のエネルギーと、恐れを知らない万能感に似た状態をもたらす。**誇大感と万能感にあふれた自己愛は、練習期にピークを迎える。覚醒剤は攻撃的な征服感や支配感、無敵感、誇大感をもたらし、自分には価値がない、自分は弱い人間だという意識を追い払ってくれる。

単なる気晴らしで酒を嗜んだり、ほんの出来心でドラッグに手を出したりする場合はともかく、悩みから解放されるためか欠落したものを取り戻すために、慢性的に幻想を求める者は依存症である。衝動に駆られて気分を変えようとする体験はたいてい、自己愛の問題が表面化する青春期にはじまる。10代の若者は、真の発達能力を試される。あるいは、その能力の〝欠如〟を突きつけられる。青春期の難しい問題に直面した時に、その問題を解決するために発揮すべきものが、自分のなかに欠けていることに気づかされるのだ。それは耐えがたい体験であり、その感情を中和するために、ドラッグやアルコールという選択肢が浮かび上がる。

◉サバイバルのためのポイント——依存症と強迫症状に対処する

現代人は誰でも、何かしらの依存症や強迫症状を発達させているという。強迫症状とは、たとえば1日に何十回も手を洗う、外出前にガスの元栓を何度も確認する、特定の順序でものごとを進めないと気になって仕方がないといった、不合理な行為を繰り返したり、不合理な考え（強迫観念）にとらわれたりする症状を指す。

依存症の範囲は幅広い。飲酒や薬物、食べ物、感情（怒り、罪悪感、宗教的な正義感）、行為（仕事、ギャンブル、エクササイズ、性行為、買い物）、他者による支配、さらには虐待やトラウマの再現といった具合である。

依存症の専門家であるジョン・ブラッドショーは、「人生を損なう結果と、コントロールの喪失につながるどんな行為も、依存症や強迫症状である」と定義する。そしてまた、「これらの症状を抱えるとコントロールを失ってしまうが、それは彼らが陥る皮肉な窮地だ」とも指摘する。症状をコントロールしようとすれば、その根底に潜む恥の意識と向き合わなければならないためだ。

自己愛人間は、依存症や強迫症状に陥りやすい。そして、その行為を徹底的に防御しようとする。自分が情緒的に生き延びるために、不可欠な行為だからだ。

精神分析家のオットー・カーンバーグによれば、自己愛性パーソナリティの持ち主は依存症に陥りやすく、治療の見込みは薄いという。だからこそ、あなたを苦しめている相手が買い物中毒、セックス依存症、完璧主義の仕事人間、病的なギャンブラー、宗教マニアやコントロール魔、薬物依存症であれば、**彼らを変えようとしても無駄である**——変わらなければならないのは、あなた自身のほうだからだ。

戦略1：自分を知る

依存症や強迫症状のある相手に惹かれ、その関係が断ち切れない人を「共依存者」と呼ぶ。共依存者はたいてい何か不健全な理由によって、コントロールできない相手をコントロールしたい、世話を焼きたいという欲求を抱えている。共依存も依存症の一種にほかならない。アメリカにはアルコール依存症者を対象とした禁酒会のように、共依存者を対象とした自助グループがあり、回復に向けたプログラムを紹介している。

親や配偶者、あなたの大切な人が自己愛人間で、しかも依存症か強迫症状を抱えている場合、あなた自身もストレス解消のために何らかの習癖を発達させている可能性が高い。アルコールやドラッグに依存している。コーヒーや煙草が手放せない。人生の虚しさを忘れたくて宗教にはまっている。バッグや靴をつい買ってしまう。満たされない毎日から目を背けるために、縫い物や趣味に没頭している。ハイな気分を味わえるスリルや恋愛をいつも求めている。ところが、手っ取り早く気分を変えてくれる行為を続けたところで、根っこに潜む問題が解決できるわけではない。

嫌な気分を追い払うために、あなたはどんなことをしているだろうか。その行為は、配偶者や我が子、親友を傷つけてはいないだろうか。もし傷つけていると知ったら、あなたはその行為をやめられるだろうか。傷つけているのが、あなた自身だとしたら？あなたは、どんな問題から目を逸らせているのだろうか。それは手のつけられない問題だろうか。何か解決策があるのではないか……。そう自問自答してみてはじめて、たくさんの問題が明らかになり、いろいろな対応が可能になるのだ。

戦略2：現実を受け入れる

問題を理解したからといって、すぐに行動が起こせるわけではない。行動を起こすためには警戒心を持ち、自制心を働かせ、現実的な態度を失わない必要がある。なぜなら、警戒心や自制心でさえ強迫行為につながりかねないからだ。そうなれば、ますます恥の意識を招いてしまう。現実的な行動計画を立てよう。**あなたが飲酒や薬物、煙草の依存症なら、遅かれ早かれ、ある日、一気に手を切らなければならない。**

だが、それ以外のほとんどの依存行為や強迫行為の場合、問題はバランスの取れた生活を取り戻せるかどうかにある。その努力をしているあいだ、あなたはそれまで避けてきた感情と向き合わなければならなくなる。そして、それらの感情にうまく対処できるかどうかが、依存症や強迫症状と手を切れるかどうかを左右する。それが現実だ。

多くの人は、その感情になかなか自力では対処できない。専門家の助けを得るか、自助グループに加わるのもいいだろう。最初から意気込んで参加する必要はなく、ちょっと覗いてみるだけでもいい。そうすれば、健康で心穏やかな、バランスの取れた生活を築く、新たな1歩を踏み出せるかもしれない。

戦略3：境界を設定する

あなた自身の症状から回復するためには、そしてそれが同じく、依存症や強迫症状を抱える自己愛人間との関係から生じた場合ならなおさら、**相手とその影響から、あなた自身を切り離さなければならない。**健康的な生活を取り戻すためには、一部の関係とはすっぱりと手を切り、配偶者や家族との関係については根底から考え直す必要がある。ダンスの方法を変えるためには、「特定の相手とはダンスを踊らない」という選択も必要だ。いったんその相手から離れてみれば、依存症／強迫症状というタンゴを、これまで無理やり踊らされてきた方法やプロセスに気づくだろう。

境界の設定には、次のような方法がある。

- 執拗に勧められても、薬物の摂取や乱用を拒否する。そのような場所へ同行することも断固として拒否する。
- 相手が望んでも、あなた自身がよく思わない性行為は拒絶する。
- 依存症／強迫症状のためのお金を貸さない。
- 依存症／強迫症状によって陥った窮地から、相手を救わない。
- 参加する目的が、ただ相手の要求を満たすためであり、あなたにとって価値のない活動には加わらない。
●依存症／強迫症状に伴う虐待行為に立ち向かう。自分の身を守る。
●依存症／強迫症状に伴う危険から、あなた自身とあなたを頼って生きている者（子どもなど）の身を守る。必要に応じて保護を求め、身の安全を確保してもらう。
●脅された、操られた、利己的に利用された、要求に応じなければ腹を立てるか不機嫌になる、という理由で相手に協力しない。

相手の要求を拒んだり立ち向かったりするのが怖いとか抵抗できない、と思う時には、その関係を続けるべきかどうか、自分に問い直してみるといい。その関係から自力で抜け出せない時は、躊躇なく外部の助けを求めることだ。

戦略４：相互関係を築く

依存症や強迫症状を抱えたふたりにとって皮肉な現実は、たいてい彼らが不健全な相互関係を築いていることだ。当事者にも必ずしも明らかではない場合もあるが、交換条件を見つけるのはそう難しくない。ふたりを結びつける〝糊《のり》〟となるのが「暗黙のルール」だ。「お互いに公然とは認めないと合意した、わたしの依存症／強迫症状をあなたが満たすか我慢してくれれば、わたしもあなたの依存症／強迫症状を満たすか我慢して、堅く口を閉ざしておきましょう」というわけだ。ところが、一方が相手の遠まわしの合図を見逃したり誤解したり、あるいは一方的にそのルールを変更したりした時には、いろいろな問題が持ち上がる。

この関係の悲しむべき事実は、お互いのあいだに本当の親密さがないか、あったとしても長くは続かないことだ。そして、どちらも関係を続けることに不安を覚える。親密さは、依存行為や強迫行為とその対人関係を癒す治療薬だが、彼らはその親密な関係を築きたがらない。

16　恋に落ちた自己愛人間――融合妄想

自己愛人間は、自分で自分の人生を切り拓く術《すべ》を学ばなかった者である。自分は完璧だという幻想、自分にないものを持つ相手へのねたみ、恥を掻きたくないという心の奥底の恐怖を除けば、自己愛人間は空っぽである。対人関係を結ぶ真の自己はなく、その空虚な自分のそばにいてくれ、心の平静を保つために利用できる相手を、彼らはぜひとも必要とする。理想的な候補者は、脆い自我の延長になることを厭わず、つねに称賛してくれるか、つねに見下せるか、あるいはその両方の条件を満たす者だ。自己愛人間の世界へと至る門にはこうある。「汝らここに入る者、一切の自己を棄てよ」

融合妄想

健全な恋愛では、自己を尊重し、相手の独立した存在も尊重する。恋に落ちると、自分の世界が広がっていく感覚を覚える。ふたりが結びつく時、ふたりのあいだの境界は消える。そして、お互いの精神の独立を保ったまま、存在の孤独を超越する。そのようなことを簡単に繰り返せるのも、分離が融合を高め、融合も分離を高めることをお互いに知っているからだ。恋愛関係にある時、相手の真価を高く評価し、恥じたり腹を立てたりせずにお互いの欠点も受け入れられる。

ところが、自己愛人間が愛とみなす「融合妄想」はまるで違う。彼らが結びつく時、片方の目標は、そしてほとんどの場合、もう片方の目標も**完璧で完全な融合、すなわち、自分の自己愛に仕える相手の独立性の抹殺である。**この変異型の愛では、**ふたりは心理的に分離した存在ではなくなる。**権力のダンスを踊るふたつの貧しい魂が融合する時、その両方で自己愛の作用が進行中だ。

ふたりのうち、より自己愛傾向の強いほうが、特権意識や誇大感、傲慢さが傍目にも目立つ。たいてい片方がカリスマ的で、よくも悪くも周囲の注目を集める。ふたりの関係においては、その者の自我が優勢でもう片方を呑み込んでいる。呑み込まれたほうは相手の支配を容認するか、さらには歓迎している。

自己愛人間の暴虐に服従する者の姿は、周囲の目に不可解に映る。なぜ、繰り返し自己を差し出せるのか。なぜ、愛のために自己を犠牲にできるのか。

簡単に言えば、それは服従する側の人間が過去の体験から、影の存在に徹し、自己を卑下するようにプログラムされてきたからだ。**自己愛の肥大した親に育てられ、人**

の世話をする時だけ、自分の価値を確認できるようになった。そして成人した今、子ども時代と同じ力学を再現して、違う結果を期待する。「今度こそ愛されるはずだ」と願いながら。ところが、その期待はまたしても裏切られる。

とはいえ、彼らは服従を身につける過程で〝その場かぎりの力と支配〟を手に入れる方法を見つけた。無力な状況にあっても、いくばくかの力を行使する方法を学んだ。なかには、ひどい虐待を受けて育ち、自己を憎むあまり、自分よりも価値があるとみなす相手に自分の身を捧げることに、一種の安堵を覚える者までいる。

健全な人間も、情熱的な愛に伴う融合という側面に惹かれる。だが彼らは、境界を超えながらも境界を維持できる。健全な自己愛のおかげで、自分の理想を映し出す相手を高く評価し、その相手と愛情の絆を結び、長期にわたって関係を維持できる。健全な愛には愛他的な面があり、自己犠牲の精神が伴う。愛する者の幸福を案じる気持ちが混じり合っている。

だが自己愛人間は、愛の対象を征服するか勝ち取り、相手の個別性を破壊しようとする。そして幻想のなかで、その相手と一心同体になろうとする。彼らが必要とするのは、自分の重要性を鏡のように映し出し、自分が投げおろした恥やねたみを受け取ってくれる相手だ。彼らにとって恋愛対象とは、自分の長所を増幅したり短所を棄てたりして、自分のなかのさまざまな要素や感情を、うまく処理する手段にすぎない。**自己愛人間にとって役に立つ人間は2種類しかいない。自分の自尊心を膨らませてくれる相手か、恥を投げおろしておとしめられる相手か。愛の対象は、たいていその両方の役目を担う。**あなたの恋人が自己愛人間ならば、絶えず相手を承認し、褒めちぎらなければならない。そのいっぽうで、つねにけなされることも覚悟しなければならない。彼らにとって本当に大切なのはあなたの愛ではなく、利己的な利用のほうだからだ。

彼らは周囲に、自分の恋人を褒めるように要求する。そのためには、美しく知的で、洗練された相手を射止めなければならない。自分にないものを持つ相手のすばらしさを奪い取って、〝金メッキ〟を手に入れるためである。

◎デニスとクリスティーナの物語

英文学の教授であるデニスは、何よりも講義を楽しんだ。遅れ気味に颯爽と教室に入る時にも、ノートを取る学生の目がいっせいに自分に注がれる瞬間にも、大きな喜びを感じた。

ある時、デニスはたくさんの学生のなかにクリスティーナの姿を認めた。大きな青い瞳につややかな髪。まさに小説のヒロインだった。その美しさに、デニスは内なる感情を揺さぶられ、すぐにその女性の愛を勝ち取ろうと決めた。

デニスはひそかに言葉で求愛した。講義中、彼女ひとりに語りかけて、自分の情熱に相手が気づいて、彼女のほうから思いを寄せるように仕向けたのである。やがて、クリスティーナはデニスの望みどおりに反応しはじめた。春には恋人どうしになった。彼女を所有することは、まさにデニスが想像したとおりだった。その完璧な女性は、何から何まで完全にデニスのものだった。デニスは、自分までがロマンス小説の主人公になったような気がした。

クリスティーナは大学を卒業すると、デニスの家に移り住んだ。ところが、彼女が持つ経済学の学位は、デニスが思い描く未来像にとっては何の意味もなかった。デニスはこんな計画を思い描いていたのだ。終身在職権を得たら彼女と結婚してイングランドで暮らし、子どもを持とう。クリスティーナは、やがて自分が執筆する小説の着想の源であり、教授仲間の集まりや晩餐会で客を魅了する役目を担う。自分はホスト役を務め、ふたりの理想的な愛をショーケースのように見せびらかすのだ、と。

クリスティーナと一緒にいると、デニスは自分が全男性の羨望の的になったよう

——な気がした。

自己愛人間は自分が征服したものを見せびらかし、周囲を羨ましがらせようとする。ところが、自分自身が愛の対象を激しく〝ねたんでいる〟ことには気がつかない。自己愛人間は、本質的に競争心が強い。だからこそ、自分が惹かれた相手のすばらしさが、彼らの心に劣等感を生む。そして相手が脅威になりはじめると、今度はその相手をおとしめなければならなくなる。相手のすばらしさが、自分の価値を損なってしまうからだ。ねたみが侮蔑を生み、侮蔑が破壊を生む。完璧を求める自己愛人間は、怒りと虚しさにまみれる。

自己愛人間にとっては、ねたみも恥と同じくらい卑しく耐えがたい感情である。そこで投影という巧みな心の作用によって、そのねたみを自分の感情ではなく、相手の感情として押しつけてしまう。同じメカニズムを用いて、相手を破壊したいという衝動も、相手の衝動としてその相手に移し替える。そして、実際は相手をねたんでいる自分が相手にねたまれていると思い込み、そのねたみに怯える。こうした歪曲のせいで、自己愛人間は親密な恋愛関係が築けない。

彼らにとって、他者との関係はすべて利己的な利用、食うか食われるかである。人に弱みを見せるのは、自分を利用してくださいと告げるようなものだ。彼らは誰かに依存されると、相手につけこまれているように感じる。相手に利用されることを恐れ、自分が相手に依存していることも認めない。普通の相互関係でさえ、自分が侵害され、搾取されたように感じ、ふたりの関係でつねに自分が優位に立とうとする。

◎クリスティーナから見た物語

大学4年生の時でした。経済学部のわたしは、専攻とはかけ離れた選択科目を取ろうと考え、英文学のクラスを選びました。大学院に進む前に、ちょっとした教養を身につける、いい機会に思えたからです。

でも、まったく思いがけないことが起きました。デニスの授業を受けながら、まるで大きな教室に、わたしとデニスのふたりしかいないみたいに、魔法にかけられたみたいに感じたんです。でもある時、彼が本当にわたしひとりに話しかけていることに気づきました。わたしは、すぐに彼に夢中になりました。10歳以上歳上の彼は、まさに大人の男性でした。そして、デニスと恋に落ちました。

春になり、わたしは大学院に申し込みましたが、進路について相談するたびに、デニスがわたしを避けるんです。何と言うか、すっと目の前からいなくなるんです。

きっとわたしを愛してくれていて、わたしが別の学校に行って離ればなれになるのが寂しいのだろうと思い、彼に対してますます強い気持ちを覚えました。

大学を卒業して、彼の家に引っ越して1カ月が経った頃、わたしはある有名な大学院から合格通知を受け取りました。すごく嬉しくて、デニスも喜んでくれるはずだと思ったのに、彼は冷ややかにこう言ったんです。「クリスティーナ。君が僕の愛に背を向けるなら、大きな幸せを失うだろう。僕ほど君を愛する者はいない」と。ただそれだけです。話し合いも歩み寄りもありません。彼はわたしに選択を迫りました。わたしは悩みに悩んだあげく、大学院を諦めることにしました。

それからというもの、何もかもデニスが決めました。わたしは彼の指示するままでした。彼の計画どおりにものごとが進む時には、ふたりともとても幸せです。でも思いどおりにいかないと、彼はがっかりするだけでなく、ひどく腹を立てます。何日も機嫌が悪くて、わたしは彼を慰める方法を見つけ出さなければなりません。

息子が生まれてからは、それも難しくなりました。息子のバイロンにはちょっとした障害があるのですが、デニスが時々、わたしを非難しているような、軽蔑しているかのような態度を取るんです。まるで、わたしが知性で劣った人間か何かのように。わたし、大学院に進むべきだったのかもしれません。そうすれば、今でも彼

――は敬意を払ってくれたかもしれないのに。

デニスは、自分の誇大感と万能感とを映し出す、クリスティーナという理想的な相手を見つけ出し、完全に融合させた。彼女の愛を勝ち取ったことで、デニスの自己愛は膨れ上がった。そのような愛はドラッグに似て、恍惚感を生み出す。自分の欠点や能力の限界に対する嫌悪感や不信感から、自分を遠ざけてもくれる。だが、陶酔し続けるためには、大切な戦利品を思いどおりにコントロールできなければならない。

コントロールの方法はさまざまだ。甘い言葉や愛のささやきで、相手を言いなりにさせる。手の届きそうで届かないところに餌をぶら下げる。卑屈と高慢とを使い分けて操る。脅しや怒りで震え上がらせる……。目的は愛する者の分離の抹消、妄想的な融合の維持だ。

自己愛人間は、自分の価値を映し出す鏡を要求する。自己愛を膨らませるエネルギー源が絶たれると、彼らは激怒する。愛する者は、彼らの欲求に反する感情を持ったり、意見を表明したりすることさえ許されない。

そうかと思うと、理想的な相手ではなく、欠点があるか明らかに劣っていて、自分がコントロールしやすい相手を選ぶことも多い。だからと言って、ただ惨めで欠点だらけの相手でもいけない。そこで彼らは、その相手に対して分裂（スプリッティング）という方法を用いる。つまり、ひとりの人間を、よい人間と悪い人間とに分裂させ、そのよい面は保ち、悪い面についてのみ、開閉可能な仕切りの奥に隠しておくのだ。これは、ひとりの人間を「よい面も悪い面も備えた複雑で不完全な存在」とみなせない、乳幼児のとらえ方に似ている。

自己愛人間にとって、愛の対象はいつでも、よい人間か悪い人間かのどちらかでしかない。評価も瞬時に入れ替わり、よい人間が些細な理由でとつぜん悪い人間になってしまう。そして相手をおとしめるが、そういう自分自身の行為は忘れるか、念頭から追い払おうとする。そのいっぽうで、自分が相手にどれほどの恥辱を与えていようと、愛の対象が——とりわけ人前で——自分の理想化したとおりに行動するように要求する。そして、それができなくなると容赦なく棄てようとする。

ドンファンと氷の女王

自己愛人間は、利己的に、罪悪感なく人を利用する最悪の恋人だ。

自己愛の強い男性は、女性から拒絶されたり、あざ笑われたりすることを恐れる。そして、恋愛相手を次のどちらかに対象化しやすい。ひとつは、理想化して性的な要素を取り除いた対象（汚れなき母親、すなわち聖母）である。もうひとつは、愛も敬意もなく、ただ楽しむだけの対象（汚れた母親、すなわち娼婦）である。ただし彼らも、自分が性的な関心を持たない女性に対しては優しい感情を抱く。

自己愛人間の男性のほとんどはドンファンであり、「攻撃的なタイプ」「強迫的なタイプ」「子どもっぽいタイプ」の3つに分かれる。「攻撃的なタイプ」は、誘惑した女性をやきもきさせ、恥を掻かせて楽しみ、少しだけつきあって棄てる（棄てる時には、ほっとしているようにも見える）。「強迫的なタイプ」は、自分を失望させない相手を、取り憑かれたように探し求める。最後の「子どもっぽいタイプ」は少年っぽいドンファンで、女性にとって脅威となる男らしさに欠けるという、まさにその理由によって女性に人気がある。

いっぽう、自己愛の強い女性は冷淡で計算高く、男女どちらに対しても敵意を抱く。恋人を利己的に利用し、その恋人が自尊心を振り絞って離れていけば、腹を立てたり悪態をついたりするが、特に未練もなければ罪悪感もない。奔放な恋愛を楽しむ女性は、自分を崇拝する者があらわれるたびに、今度こそ王子様を見つけたと思うが、それがカエルだとわかれば即座に興味を失う。

自己愛の強い女性はたいてい、自分が〝最高〟と判断した男性と安定した関係に落ち着く。そうかと思えば、手に入れるのが難しそうな無理めの相手に固執する女性もいる。手に入らないからこそ、自分のボロが出たり価値が下がったりするリスクもなく、自分の完璧な姿を保っていられるからだ。あるいは、華々しい功績を持つ、極度の自己愛人間とくっつく女性も多い。そして、その男性の成功の源は自分にあると錯覚し、相手の人生を動かしているのは自分だと思い込んだりする。

そこにあるのは、「顕示型自己愛人間」と「隠れ型自己愛人間」の組み合わせだ。隠れ型の自己愛人間は、理想化できる相手を、触手を伸ばして探る控えめなタイプである。彼らは〝自分の〟自尊心を保つために、恋愛対象を崇拝する。理想的ですばらしい相手を自分のものにできれば、みずからの心に潜む不安をきれいに払拭できるからだ。顕示型と隠れ型の組み合わせで支配権を握るのは、実際は隠れ型のほうである。彼らは顕示型自己愛人間の誇大感を巧みに満たすことで、自分自身の自己愛を膨らませる。理想化した相手が自分の幻想を満たすかぎり、ふたりの関係はうまくいく。ところが不快な現実が侵入すると、愛は内側から破綻する。

◎ジャスティンとルイーザの物語——顕示型と隠れ型の愛

ふたりが出会ったのは、ジャスティンが前途有望なコンサート・バイオリニストで、ルイーザが地元の短大生だった頃である。ジャスティンは、ルイーザの美しさと優雅な物腰に惹かれた。ルイーザは彼の将来に心奪われた。彼女の夢は高級百貨店のバイヤーになることだったが、今はジャスティンの未来に自分の夢を託していた。この男性は、単調な毎日からいつかわたしを救ってくれるはずだわ。彼は公演旅行をして名声をつかみ、わたしは特別な人間である彼のために、生涯を捧げて彼の夢の実現を支えよう。

ジャスティンにとって、ルイーザのような女性ははじめてだった。これまで多くの女性とつきあってきたが、しばらくするといつもうんざりさせられた。どの女性も身勝手で要求が多く、才能豊かな彼の繊細な感受性を理解しなかったからだ。

彼の目にルイーザは本当に魅力的に映った。しかも、彼女は彼の音楽を愛した。演奏を聞かせてほしいとせがみ、彼が作曲した曲を弾くといつも大喜びした。ルイーザは、彼なら何でもできるはずだと信じ、理想的な未来を夢見た。

自分の才能に絶対的な自信を持っていたジャスティンは、自分の優位をおびやかすような挫折には我慢ならなかった。同僚からも、傲慢でとっつきにくい存在だと思われていた。特別扱いしないと、すぐに機嫌が悪くなるからだ。そしてある日、事件は起きた。第一バイオリンが空席になったのだ。その地位に就くのは自分だと思い込んでいたジャスティンは、ほかの者が抜擢されると、その決定を不服として、リハーサルの途中で憤然として席を立ったのである。彼はすぐに解雇された。

ルイーザは彼の激しい怒りに戸惑ったものの、自作の曲を演奏するソリストとしての活躍を信じた。ところが数カ月が過ぎても、ジャスティンはプライドにこだわってくよくよし、酒を飲み、気が向いた時にしかエージェントに電話をしなかった。やがて、ルイーザの我慢も限界を超え、幻想もほころびだした。

ある日、ジャスティンはルイーザの日記を読んで愕然とした。僕のルイーザが、どうやら別の男性と恋に落ちたらしい。ふたりの関係はしばらく前から続いていた。彼女が僕を見棄てようとしている……。その日から、ルイーザを見るジャスティンの目が変わった。彼女は彼の台座から転がり落ち、砕け散ってしまったのだ。彼女もやはり、ほかの女性と同じだったのか。

ルイーザは妙に虚ろな気分だった。期待を裏切った彼への怒り。別の男性に心を移した罪悪感。でも、結局はただ空っぽな感じがした。ルイーザは誓った。これ以上の愛があるはずだわ。次はもっと目標を高く持たなければ……。

◉サバイバルのためのポイント――自己愛人間と恋に落ちたら

わたしたちはなぜ、自己愛人間との恋愛に惹かれるのだろうか。それは実際、彼らが魅力的で特別だからだ。理想的な幻想を追い求める彼らのきらびやかなオーラが、退屈な毎日を送るあなたに魔法の罠を仕掛け、華やかさや刺激を求めるあなたの欲求に働きかけるからだ。

あなたの承認や称賛を求めて、自己愛人間があなたを喜ばせようとする時、それは本物の愛のように思える。彼らの誇大感が、あなたの人生に欠けている輝きを差し出してくれるように感じる。**あなたの自尊心が揺らいでいる時には、彼らの傲慢な態度も魅力的に映り、自信満々の態度にも心動かされる。**彼らのような魅力的な存在に選ばれるのは、うっとりする体験だろう――少なくとも最初のうちは。

情熱的な愛は、誇大感や万能感、相手と融合したいという欲求など、自己愛のいろいろな要素を含んでいる。そのため、正常な愛と不健全な愛との区別がつきにくい。**自己愛人間の恋愛関係の根幹にあるのは、「融合妄想」だ。ふたりは永遠に完全にひとつであり、そうあるべきだという幻想である。**彼らにとって分離は脅威だ。あちこちにねたみが潜む。境界は尊重されない。そこにあるのは、支配と服従という不均衡な力関係であって、相互関係ではない。

戦略1：自分を知る

愛し、愛された乳幼児期の体験は、その人の一生を通じて再現される。愛を求める時、わたしたちは、母親と融合していたよちよち歩きの頃へと手招きされる。自分をどうとらえ、恋愛相手をどうとらえるか、誰をどう愛するかを決めるのは、「わたし」が誕生するまでの乳幼児期のドラマである。すなわち、「共生期」から「練習期」を経て「再接近期」までのドラマが、生涯を通して、その人の恋愛関係に大きな影響を及ぼす。幼少期に、母親やおもな養育者とのあいだで確かな愛着の絆を結んだ者は、健全な恋愛相手を選ぶだろう。分離―個体化プロセスをうまく乗り越えられなかった者は、境界の曖昧な相手を選び、誇大感と万能感、融合のドラマを再現しやすい。

本来、母親と心理的に融合する「共生期」に、母親の充分な反応が得られなかった者は、そもそも愛を手にできるとは思っていないかもしれない。反対に母親に過剰に干渉された者は、善意の侵入者に対してさえ境界を守ろうとする。母親の適切な愛情を得られなかった者にとって、愛することは満たされないことであり、愛を招き入れることは、相手に呑み込まれ、破壊されることにほかならない。彼らにとっては「幻想の愛」、「障害を抱えた愛」、「報われない愛」だけが安心できる。そして、そのような低い期待にぴったりの相手が、自己愛人間というわけだ。

親のどちらかが、あるいは両方が自己愛人間だった場合、あなたは次のような後遺症を抱えているかもしれない。

●すぐに人を好きになる。あるいはその反対に、利用されたり、拒絶されたりすることを恐れて、人を寄せつけようとしない。
●完璧な愛だけが安心できるか、刺激を得られる。あるいは、自分にふさわしくない相手か、手の届かない相手を選びがちだ。
●つきあってしばらくが経ち、情熱的な愛が色褪せはじめると、相手が欠点を露わにするか、気難しくなるように感じる。
●人を愛したことがなく、人を愛するということがうまく想像できない。反対に、好きな人に愛されているという実感が得られない。
●親密な関係において、与えることか、受け取ることのどちらかが苦手だ。
●自分がいい気分でいるためには、相手を理想化するか、けなす必要がある。
●相手に謝れない。あるいは反対に、不愉快なことは何でも自分のせいに思える。
●恋愛関係でよく傷つき、失望する。

誰の幼少期も完璧ではないし、親しい間柄でも衝突は起きる。それでも、あなたが親密な関係で自分を見失ったり、ふたりのあいだの境界に脅威や戸惑いを感じたりするならば、あなた自身と恋愛関係に何が起きているのか、見極める必要があるだろう。不健全な自己愛のドラマが再現されている可能性が高いからだ。できれば相手にも協力してもらい、ともに問題の解決に乗り出そう。ふたりで一緒に取り組めるのはいい兆候だ。まずは、敬意と思いやりに満ちたコミュニケーションを通して、お互いの弱点を把握することからはじめよう。

戦略2：現実を受け入れる

不健全な自己愛に対処する最善の方法は、自分と相手の、そしてふたりの関係の長所と短所を正しくチェックすることだ。完璧さを求めたがる欲求や、事実を歪曲する傾向の裏に、どんな現実が隠されているのだろうか。その現実を見つめよう。それは、妄想の融合から離脱するための不快で困難な作業であり、幼少期の発達段階をやり直すことである。自分と相手とを「よい面も悪い面も備えた複雑で不完全な存在」として、とらえ直すことでもある。

理想的な相手や理想的な恋愛という幻想を失う時、心は激しい痛みを覚える。あなたはこれまで短所を隠し、欠点を否認し、不愉快な事実を曖昧にしてきたかもしれない。つらい現実から愛を守るために、幻想の世界を維持してきたかもしれない。だが、幻想を棄てて現実の世界で生きる時、**あなたは本当の自分でいる自由を得られる。長所も短所もあわせ持つ、ありのままの自分でいて、人から愛されるという自由が得られるのだ。**

健全な恋人たちは、相手のかけがえのない個性をすばらしい長所として受け入れ、愛する者の短所も受け入れる。自分の欲求が完全に満たされるとか、自分の願いが完璧にかなえられるなどとは期待しない。それどころか健全な恋愛では、独立した存在である相手と交流し、そこから生まれる人生の豊かさや試練などを、充実した体験として受け入れるのだ。

戦略3：境界を設定する

まずは次の項目で、あなたと愛する者との境界をチェックして、恋愛の健全度を判断してみよう。

●それぞれの時間や友人、お互いの趣味を認めているか。

●自由時間の過ごし方をどうやって決めているか。
●お互いのプライバシーは保たれているか。断りもなく、相手の財布やポケットのなかを探ったり、電話を盗み聞きしたり、メールを勝手に読んだりしていないか。
●自分自身の考えを持ったり感情を覚えたり、あなた個人の体験を楽しんだりできるか。それともいちいち相手に説明し、報告する必要があるか。
●嫌な思いをしたり腹を立てたりせずに、相手の意見に反対できるか。
●境界を設けると伝えた時、どんなことが起きたか／起きるだろうか。相手の怒りや仕返しを恐れずに、境界を設けたいと相手に頼めるか。相手は耳を傾け、敬意を持って応じてくれるか。

恋愛関係では、ふたりのあいだに心地よい境界が築かれていなければならない。お互いの相違を、敬意によってではなく、操縦と怒りによって解決しようとする時には、不健全な自己愛が働いている証拠と思っていいだろう。

境界の厳しすぎる不健全な関係もある。その時、ふたりは別々の世界で共存する。融合の瞬間もなく、深い絆を感じることもない。本当に相手を必要とする時、その相手はあなたのそばにいてくれるだろうか。相手の幸せのために、あなたは犠牲になれるだろうか。それとも、一緒にいてもよく孤独を感じるだろうか。自分のことに夢中のふたりが都合のいい関係を見つける時、愛は自己の権力を拡大する手段となる。経済的あるいは社会的な利益と、自分が特別だという幻想を与えてくれるものとなる。そこにあるのは融合の妄想ではない。情熱的な愛に無防備になって、自己を超越する体験に身を任せることへの強い抵抗である。

戦略4：相互関係を築く

相互関係は成熟した愛のしるしだ。だが自己愛人間は、本当の意味で人を愛することができない。彼らには自分しかいないからだ。彼らの恋愛では、片方の脆い自我を支えるために、もう片方の自己を呑み込む。そして、呑み込んだほうの自己だけが膨れ上がる。

相互関係はギブ&テイクだ。**自己愛人間は自分を与える側だと思っている。だが彼らが与えているのは、自分が与えたいものだけである。それは、相手の望みや欲求にまるで無頓着な、ただの利己的な提供にすぎない。**実際は、自分自身の自尊心を膨らませるための、かたちを変えた受け取りにほかならない。そして誰かに何かを頼まれると、それを自分に対する押しつけや要求ととらえ、冷淡な態度で応じる。そこに相互関係はない。

いっぽうで、自分の価値に自信がなく、人に何かを頼んだり受け取ったりすることに居心地の悪さを覚える人もいる。自己愛人間の不均衡な愛を補完するのは、彼らのような人間だ。

相互関係では双方の自尊心が必要だ。また、信頼も大切である。もしあなたが相手を信頼できないのなら、友人や家族など安心できる誰かを相手に、心のガードを下ろせるかどうかを試してみよう。与える側と受け取る側の双方の気持ちがわかれば、その体験を恋愛にも活かせるかもしれない。

とはいえ、健全な恋愛を楽しみたいのなら、まずは自己愛人間でない相手を選ぶ必要がある。愛に心を奪われても、自己は見失わないことだ。

17 職場の自己愛人間——権力の乱用

自己愛人間は、自分の縄張りを意のままに操るやり手だ。大企業であれ、小さな部署であれ、ちょっとした集まりであれ（実際、家庭から国家まで）、彼らは何でもコントロールする。上流階級や権力階級には自己愛人間が多いが、どんな組織や職場も例外ではない。権力は、恥の意識に対する完璧な解毒剤だからだ。自己愛人間は、自分には権力が与えられて当然だとみなす。そして、ライバルの動きに絶えず目を光らせ、縄張りを守ろうとする。彼らが勢力範囲だけでなく、みずからの心に巣くう無力感や屈辱感、ねたみ、虚しさをコントロールする方法についても詳しく探っていこう。彼らのゲームを戦う前に、その正体を知っておくのだ。

力を握った自己愛人間の8つの特徴

組織のトップに上りつめる。起業して富を築く。選挙戦を制する。業界の大物として君臨する……。そのためには挫折や障害をものともせずに、確かな目標に向かって才能を発揮し続ける自信が、つまり健全な自己愛が必要だ。だが、健全な自己愛がない時には、不健全な自己愛でも充分役に立つ。とはいえ、リーダーの精神年齢がよちよち歩きの2歳児の時、職場は毒される。恐怖心や不信感があふれ、部下の心身は消耗する。士気や生産性は低下する。従業員の人生は惨めなものになる。

次に、職場の自己愛人間に顕著な8つの特徴を見ていこう。

1　希薄な境界意識

自分が求めるものを持つ相手と融合した時、自己愛人間は心の平静を得る。しかも彼らが求める融合とは、自分の望みどおりに周囲が動くことだけではない。彼らがその時に何を望んでいるかを周囲の人間が自動的に察知して、その望みを進んで叶えることまで意味する。まるで自己愛人間の頭のなかに住んで、彼らの考えや気持ちを共有し、本人にも不可能なことまでやり遂げなければならないかのようだ。もし周囲にそれができなければ、彼らは腹を立て、自分の特権に対する侮辱とみなす。

自己愛人間があなたに何かを求める時、あなたは彼らの自己の延長になる。言ってみれば、彼らのからだにつけ足された腕のようなものだ。彼らはあなたにお世辞を言い、褒美を差し出して、罠に誘い込もうとする。すでにあなたを支配しているのなら、辱めたり操ったりして、あなたを縛りつけておこうとするだろう。目標は、境界の破壊とあなたの所有だ。境界は繰り返し侵害される。「職場は家族も同然」などといい、プライベートや交友関係までこと細かにチェックされる。

職場の自己愛人間は、部下に性的関係を迫ったり、自宅のベビーシッターを頼んだり、公私混同の二重関係をも要求する。

◎ベリンダの場合

若くて聡明なベリンダは小さな広告会社で働き、ちょっと変わった悩みを抱えていた。会社の共同経営者が彼女を「積極的に意見が言えない」と査定し、「情緒的な健康を心配して」、セラピーを受けるように勧めたのだ。「いや、君のことは気に入ってるんだ」ある幹部は言った。「だけどね、はっきりものが言えなくて、顧客に充分なサービスが行なえないのではないかと心配でね」具体的な根拠があるわけではない。それどころか、彼女はどのクライアントからも高い評価を得ていた。

自分の冷静な態度や慎重な言葉遣いが、治療が必要なほど深刻な問題と指摘されたことに、ベリンダは大きなショックを受けた。そして、セラピストのもとを訪れた時には、自信を失い、抑うつ症状を訴えるようになっていた。だが、彼女はきちんと自分の考えも意見も伝えられる。自尊心の低さも見られない。家族もみんな仲がいい。ところが、唯一の問題が職場だった。

彼女が勤めていたのは家族経営の会社だった。社員のなかには、男性経営者の妹や、女性経営者の別れた夫の恋人もいた。職場では社員が反目し合い、不安定な友情や愛憎関係もあった。経営者は専制君主のようにふるまい、よく癇癪を起こした。仕事が終わるとベリンダはつきあいを強要され、恋人との関係を根掘り葉掘り訊かれた。境界のない職場で、ベリンダはごく自然に、プロ意識の殻のなかに閉じ込もった。だがその態度が、ほかのメンバーに対する侮辱と受け取られたのだ。ベリンダの寡黙な態度が「積極的に意見が言えない」という欠点におとしめられ、親身な心配を装って、境界が破られたのである。

ベリンダはセラピストの力を借りて、欠陥があるのは自分ではなく職場のほうだと気づいた。そして境界をより強く築いて、負の投影を相手に跳ね返した。上司の精神年齢をよちよち歩きの子どもととらえて、2歳児を相手にする時のように、断固たる、だがなだめるような態度で彼らに接した。やがてベリンダは、その優秀な能力と新たに得たエネルギーとを活かして、新しい職場へと移っていった。

2　恥の投げおろしと責任転嫁

ベリンダの職場では、境界の侵害はもちろん、恥の投げおろしと責任転嫁が日常的に行なわれていた。それが彼女の抑うつ症状の原因だった。ベリンダは、まったく根拠のない欠点をあからさまな方法で指摘されたのだ。だが彼女はなぜ、有毒な自己愛の対象にされなければならなかったのだろう。共同経営者はおそらく、自分たちのねたみや恥の意識をベリンダに投影したのだろう。そうすることで、自分たちの脆い自我を守ったのだ。では、何が彼らのねたみや恥の意識を誘発したのだろうか。

考えられるのは、次のふたつだ。ひとつは、ベリンダとクライアントとのあいだで、ちょっとした衝突があった。共同経営者は、それによって会社の体面が傷つくと思った。そこでその体面を保つために、言い訳を見つけ出さなければならなくなった。公然と彼女を非難すれば、裏目に出るかもしれない。だが彼女の力量に懸念を示せば、巧妙にベリンダをおとしめられ、自分たちは〝善良な両親〟でいられる。

もうひとつ考えられる、もっと可能性の高い理由は、**ベリンダの静かな自信が彼らに劣等感をもたらした**ということだ。彼女の落ち着いた態度は、彼らの態度とは対照的である。そこで、ベリンダの冷静な態度を欠点におとしめることで、自分たちの癇癪や不安定な感情を「はっきりものが言える」という長所に転換した。事実を歪曲してベリンダを傷つけ、自分たちの優位を取り戻そうとしたのである。

境界のない職場では、責任転嫁も頻繁に行なわれる。特定の社員が、社内で投げおろされた恥の受け皿となり、組織全体の恥の調節器となる。そういう社員は、幼少期から家庭で同じような扱いを受けてきたため、その役割に慣れている。もしそれほど無能なら、なぜクビにならないのかと不思議に思うが、彼は重要な役割を果たしている。恥の充満する職場にあって、彼のおかげでほかの誰もが優越感を味わえるのだ。

3　壮大なビジョン

経営者は高邁な目標と感動的なレトリックで、部下の意欲を掻き立てる。だが経営者が自己愛人間の場合、その壮大なビジョンは、経営者自身の個人的な野望から生まれる。そして、経営者個人の幻想を実現するために、従業員は叱咤激励され、必死で働くはめになる。私生活は経営者の夢の実現のために利用され、長時間労働は当たり前になる。週末や休暇もなくなり、病気でも休めない。**従業員が身を粉にして働くのは、職を失いたくないからではない。壮大なビジョンの実現に参加すれば、彼ら自身の空虚な毎日が満たされるからだ。**

だが、ただ仕事をすればいいというわけではない。自己愛人間の経営者は、完璧主義の言葉で仕事を定義し直し、それがその職場での新たな基準となる。その期待に応えられれば従業員のほうでも気分がいいが、応えられなければ悪い気分を味わうことになる。自己愛の肥大した経営者が基準を設定する職場では、その基準を満たさない者には、容赦なく恥の意識が襲いかかる。

4　利用価値の高い部下

どの組織にも〝破格の待遇〟を受ける者がいる。彼らは平凡に見えて、なぜかほかの社員よりも必ずいい思いをする。推薦され、昇進する。厳しいスケジュールも免除される。個室を与えられたり、特別扱いを受けたりすることも珍しくない。

自己愛人間が支配する職場では、特定の従業員が寵愛されて〝クズが貴金属に変わる場面〟をよく目にする。それは、その従業員が特殊な能力を持っているからだ。リーダーが自信満々に見える役割を担ったり、上司が自分を特別な存在だと自覚できる役割を果たしたりするからだ。

個人秘書や側近はたいてい上司の怒りをしずめ、そのすばらしさを鏡のように映し出す。平凡な組み立て作業員が中間管理職に昇進するのは、まさにその平凡さゆえ、上司の地位をおびやかさないからだろう。昇進にはよく騒動が持ち上がる。先を越された同僚は、やっかみや侮蔑の念を覚える。王様のお気に入りが裸であることが、よく見えているからだ。

とはいえ、その〝裸のお気に入り〟の力を見くびってはいけない。お気に入りが王座に就くことはないにしろ、彼らを失脚させられるのは王様だけだからだ。彼らはもっぱら利用価値があるかないかで、王様に庇護されたり処分されたりする。なかには、一緒に職場を転々とする腰巾着もいる。彼らの真価をどう判断しようと、周囲は敬意を持って接したほうがいい。

5 部下の容赦ない利用

自己愛の肥大したリーダーは、自分が特別だという承認と権力をひたすら求める。それらが手に入って当然だとも考える。彼らに欠けているのは恥の意識だ。部下に共感を示すこともない。礼儀正しく愛想のいい仮面の奥に、冷淡さや無関心さを隠していることも多い。大胆さを名誉のしるしと考える職場では、何でもまかりとおり、従業員は容赦なく利用される。上司の期待を裏切れば激しく叱責され、不要になれば即座に解雇されても仕方がない。従業員を許容量ぎりぎりまで引き延ばして働かせ、ぷちんと切れると厄介払いするやり方は珍しくなく、「ゴムバンド経営」と呼ばれる始末だ。

そして、職場に恐怖と疑念があふれる。過酷な環境で利己的に利用された従業員の自尊心は、徐々にむしばまれる。絶えず鞭打たれて働かされ、プライベートな時間まで取り上げられ、挙げ句の果てに使い棄てにされる職場では、従業員は自信も、働く喜びも、精神的なエネルギーも奪われていく。

6　激しい感情の起伏

自己愛の強いリーダーのなかには、氷のような自制心を持つ者もいる反面、2歳児かと思うほど、感情の抑制が利かない者もいる。怒りっぽく不安定な性格の持ち主は、華やかな業界やハイテク産業の若い経営者に多いと思われがちだが、何も特定の業界や若者にかぎった話ではない。しかも自己愛の特徴は、加齢や権力の拡大とともにますます顕著になる。権力を握れば握るほど、彼らの感情は不安定になりやすい。

激しい感情の起伏を重圧のせいと判断されて、同情を買う者もいる。確かに企業を経営して、難しい意思決定を頻繁に行なうことには、大きな重圧が伴う。だが、大声を張り上げる、不機嫌になる、心理戦を仕掛ける、病的な興奮状態に陥るなどの気難しい指導者の特徴は、ストレスというよりも、むしろ幼稚なパーソナリティに起因する場合が多い。彼らは感情を抑制する能力が発達していないのだ。非現実的な期待を持ち、コントロールできないものまでコントロールしたいという欲求を抱えて、つねに動揺し、不安に苛《さいな》まれている。リーダーや上司の感情の爆発という地雷を避けるために、慎重を期して行動する必要があるのなら、まずは自己愛の存在を疑おう。

7 ねたみ

人間が生まれてはじめてねたみを感じるのは、まだよちよち歩きの頃、父親や母親が持っているものを自分が持っていないことに気づいて、万能感を打ち砕かれる時だという。ねたみを感じると、人は自分に劣等感をもたらす相手を、損なうか破壊したいと思う。そこで陰口を叩いたりゴシップを流したり、反対におべっかを使ったりする。

ねたみは通常、相手をこき下ろすか、出し抜くかたちであらわされる。相手をこき下ろせば、自分を損なうものをおとしめられる。相手を出し抜いて、望みのものを先に手に入れれば、相対的に自分の価値が上がる。

過剰な褒め言葉の裏に、ねたみが隠れている場合も多い。おべっかは、恥の意識を遠ざけ、自分が相手に侮蔑の感情を抱いていることを否認する方法だ。自分がねたみを抱いていることに気づくと、自己愛人間は恥の意識を覚える。そこでそのねたみを相手に投影する。「私はねたんでいない。ねたんでいるのはあっちのほうだ」というわけである。そして、「自分はねたまれているのだから、相手の機嫌を取らないと、攻撃されるかもしれない」と考え、相手を過剰に褒めたりする。心理学的には複雑な心の働きなのだが、周囲から見れば、ただのご機嫌取りにしか見えない。権力者が誰かに媚びへつらう姿を目にした時には、そこにねたみが存在する証拠である。

8　称賛の要求

ねたみの対極にあるのが、承認や称賛の欲求である。「このわたしを褒めて、いい気分にさせてくれ！」という態度には、「自信を失い、枯渇しかかった自己愛のエネルギーを何が何でも補給したい」という、自己愛人間の必死の願いが隠れている。

自己愛が枯渇しかかっている、という弱みを見せたことに本人が気づく前に、周囲の者は自己愛人間を褒めちぎらなければならない。その相手が情緒の不安定なリーダーや上司の場合、周囲の者にとっては、彼らの気持ちを高揚させることがフルタイムの仕事のように思えるかもしれない。そしてその心の動きに敏感な者は、いつ称賛の言葉が必要か、すぐに直感が働くようになる。落ち込んで不機嫌になった自己愛人間の態度を見れば、褒めるタイミングがよくわかるだろう。タイミングを心得たお世辞や称賛はいつでも喜ばれる。

罠にとらえる——自己愛人間の誘惑の手口

人生がいささか単調に、味気なく思える時がある。心躍る体験や意欲が湧くできごととも、このところご無沙汰だ。そんな時に元気を取り戻す役に立つのが、ちょっとした自己愛である。

自己愛人間は周囲に輝くような魅力を振りまいて、あなたの自尊心を膨らませてくれる。彼らが光を注ぐ時、周囲の者はほんの少しのあいだだけでも、幸せな気分を味わい、高揚感に包まれる。魔法の粉を振りかけられたみたいに、人生が明るく感じられる。

だがそれも、彼らがあなたに何かを求める時だけだ。あなたに利用価値がなければ、あなたはいないも同然だ。たとえ彼らをあまり好きでなくても、無視されればあなたは傷つく。仲間はずれにされたように感じて、自尊心がしぼむ。自己愛人間は周囲の気持ちを操って、羨望の空気や競争の雰囲気をつくり出すのがうまい。彼らに微笑みかけられれば気分が高揚するし、無視されればねたみの感情が湧き、自信を喪失する。

彼らは、自己愛に対するあなたの弱みを無意識のうちにもてあそぶ。恥の意識に敏感であればあるほど、あなたは気分の膨張と収縮を味わわされる。自己愛人間の親に育てられたのなら、あなたには〝弱みのボタン〟があるはずだ。そして自己愛人間がそのボタンを押す時、あなたは彼らの思いどおりに喜ばされたり、おとしめられたりする。結果はいつも同じ。あなたの希望はいつも粉微塵にされる。彼らの関心はあなたにはない。

権力の座にある自己愛人間に最もつらい目にあわされるのは、自己愛に対して弱点を持ち、ことあるごとに自我を防御している人たちだ。権力を持つ自己愛人間に振りまわされて、彼らは耐えがたい惨めさを味わう。**自己愛人間とうまくやっていく秘訣は、あなたが自分の自我を超越することである。**だが、それができるのは確かな自信を持つ者か、あらかじめそのようにプログラムされた者だけだ。

自己愛人間の罠を生き残る者の例を、次の寓話で紹介しよう。

◎2匹の猫の物語

昔あるところに、功名心に燃えた2匹の利口な猫がいた。彼らは高慢で悪賢いライオンのもとへ働きに出かけた。ライオンは言った。「ようこそ、わが社へ。お前たちは選ばれしエリートだ。ここでは選り抜きしか雇わない。重要な仕事を扱い、守るべき名誉もあるからだ。懸命に働け。そうすれば私の栄誉にあずかれる。だが、この私を失望させれば容赦なく追い出してやる！」

黒猫とぶち猫は、必ずやライオンを喜ばせようと誓った。賃金は微々たるもので、働く時間は長かった。だが2匹は、名だたる会社のメンバーに選ばれたことに大きな誇りを感じた。やがて裏の事情が呑み込めてくると、会社のすばらしいイメージはライオンがつくり出し、彼に仕える者がその幻想を必死で維持していることがわかった。そうと知った2匹は、それぞれ出世の望みを見つけ出した。

「僕もあの権力を手に入れるぞ」黒猫が言った。「有能だとわかってもらえれば、ライオンの権力にあずかれるはずだ」

「でも、ライオンは権力を分け与えたがらないよ」ぶち猫は言った。「ライオンが立派に見えるよう、僕は必死に働くよ。そうすれば頼りにしてもらえる」

そして、黒猫は革新的なアイデアと才能でライオンを満足させた。ライオンは黒猫を昇進させ、自分の右腕にした。周囲が自分に敬意を示すようになると、黒猫は自信満々にふるまいはじめた。

ぶち猫のほうは夜遅くまで、自分を犠牲にしてライオンのイメージアップに務めた。見返りを求めないその献身を、ライオンはしきりに喜んだ。

ライオンは、黒猫に居心地の悪さを覚えはじめた。部下が黒猫に一目置くようになると、ところが、黒猫はすでにライオンにとって不可欠な存在になっていたのである。そう気づいたライオンは愕然とした。自分がひどく愚かで無能な存在に思え、激しい怒りと恥の意識、無力感に襲われたのだ。自分の地位をおびやかす黒猫を、これ以上のさばらしておくわけにはいかない。ライオンはついに黒猫をクビにした。

黒猫が去ったあと、会社は混乱に陥った。ライオンのイメージも悪化した。残ったぶち猫はライオンのために、ますます自分を犠牲にして働いたが、ついに疲れ果ててしまった。その寡黙な献身の噂が広まると、ぶち猫のもとに引き抜きの話が舞い込んだ。ライオンは「残ってほしい」と懇願したが、ぶち猫はまともな仕事が待つ、別の会社へと移っていった。

自己愛人間の王国に足を踏み入れる時、気分が高揚する。「ここでは何か特別なことが起きる。自分もその一部になりたい」と願う。そのめくるめく感情は、あなた自身の自己愛が呼び覚まされ、幻想の世界へと招かれた証拠である。

あなたをその王国へと誘い込むのは、自己愛を膨らませたいという、あなた自身の欲求だ。だが、真っ先に棄てなければならないのもその欲求である。もし棄てられなければ、待ち受けるのは、黒猫に降りかかった運命だ。自分も権力を手にできるという幻想は破られる。ぶち猫も言ったとおり、自己愛人間の王国には、ひとつの自我しか存在する余地がないからだ。

彼らの権力社会で生き残り、成功を収めるのは、ぶち猫のように「自我を超越」して、主人に奉仕するコツを心得た者だけだ。その多くは「隠れ型自己愛人間」である。彼らは他者の自尊心を膨らませ、相手に脚光が当たるように仕向けるのがうまく、自分はその栄光に浴して満足する。承認され、称賛されたいという主人の欲求を絶え間なく操れる。そのため、彼ら自身も巧みに権力を手に入れる。隠れ型自己愛人間は、黒猫のような脅威をもたらさない。恥の意識も招かない。羨望や侮蔑の念も引き起こさない。もっぱら自己愛人間をいい気持ちにさせるだけである。

◉サバイバルのためのポイント——権力を持つ自己愛人間の世界を生き抜く

戦略1：自分を知る

自己愛人間が権力を振るう職場で働く時、あなたの弱点が試される。自己愛の蔓延した家庭で育ち、恥に敏感で、自分がいい気分でいるためには人に褒めもらう必要があるか、仕事に打ち込むことで自尊心を保とうとする人にとっては、大変な試練になるだろう。まずは自分を知ろう。

彼らのゲームを戦うためには、自己愛を誘発されて、自己愛人間の誘惑に負けてしまう、あなた自身の弱点をうまくコントロールしよう。彼らはご都合主義で、人を操る術《すべ》に長けている。その彼らと関わっても、何の利益にもならない。だから、自己愛人間の幻想の世界に惑わされない方法を考える必要がある。とりわけ重要なのは、うまく利用されるか不当に扱われた時に、怒りを抑える方法である。怒りが湧き上がってきたら、まんまと反応する前に、職場の外の中立な第三者に相談して、怒りの感情をうまく処理しよう。彼らのゲームを生き残るのなら、まずは自分を知り、あなた自身をコントロールできなければならない。

戦略２：現実を受け入れる

目の前の現実をしっかりと理解すること。職場は家庭ではない。上司は守ってくれる父親でも、育んでくれる母親でもない。

自己愛人間の弱点を知ろう。彼らの高慢な態度や仮面の奥には、脆い自己が隠されている。彼らの行動や態度の裏にある意味を読み解こう。そして、**傷つきやすい2歳児に対するように、だが2歳児に対する時の2倍の敬意を持って接するのだ。**

彼らが自分自身に抱いているイメージを傷つけるような行為は慎む。自己愛人間は幻想の世界に生きている。事実やあなたには興味がない。**ねたまれたくないのなら、彼らと張り合って、彼ら以上に注目を集めてはならない。**自己愛人間と張り合えば、あなたの才能や功績は軽んじられ、手柄は横取りされる。彼らのゲームで勝ち残りたいのなら、控えめな態度を保つことだ。目立たず、当たり障りなくふるまい、注目を引かない。恥やねたみを誘い出さない。

反対に、彼らの自尊心を膨らませ、いい気分にさせたい時には、お世辞を言って喜ばせよう。その時、あなたの意図には気づかれないこと。意図がバレてしまえば、彼らは激しい恥の意識を覚え、強い怒りをぶつけるに違いない。もしもあなたが職場の自己愛人間にとって不可欠な存在になる必要があるのなら、相手の地位をおびやかしてはならない。

彼らが誰かをこき下ろすか、過剰なお世辞を言った時には、その相手をねたんでいる証拠である。あなた自身がねたまれた時には、自分の欠点や弱みを見せるか、「ただ運がよかっただけだ」などと言って幸運のせいにする。あなたは、見えないかたちで彼らとつながっている。あなたは彼らの自我の延長なのだ。だから、**彼らよりも輝いてはならない。**

自己愛人間が仕掛ける罠に用心しよう。現実を見つめ、隠れた動機に目を光らせ、むやみに相手を信用しないことだ。

戦略3：境界を設定する

自己愛人間の職場で働く時には、つねに境界がおびやかされる。いったん設定した境界は、断固たる態度で守り抜こう。

恥の投げおろしに気づいたら、その攻撃を個人的なものと受け取らないこと。感情を思考のプロセスに転換させて、あなたの心を盾で守るのだ。**心のなかで彼らの恥を必ず相手に跳ね返し、自分のものとして受け取らずに、超然とした精神を保とう。その時こそ、あなたを守る内なる境界が築かれる。**

相手の行動や態度を読み取る術《すべ》を身につけるいっぽう、こちらのやり方は読み取られないようにしよう。プライベートな自己は見せない。超然とした精神を保つ。だが、あまりあなたのことを推測させてばかりいると、相手の劣等感を誘い出してしまう。そうならないよう、表向きのイメージをつくって、周囲とうまくつきあい、本当の自分を仮面の奥に隠すのだ。劇を演じる俳優だと思えばいい。ただし、自己愛人間を前にして自分のイメージをこしらえる時には、あなた自身も自分のイメージをうまくコントロールできなければならない。そしてそのイメージと真の自己との違いを、あなた自身がきちんと認識しておく必要がある。

仕事と私生活とのあいだに確固たる境界を設けよう。事実の歪曲にとらわれたまま、あるいは嫌な気分や落ち込んだ気持ちを引きずったまま、家に帰らないことだ。

戦略4：相互関係を築く

あなた自身の相互関係を築こう。同じ職場において、できれば別の権力のもととなる別の人間と手を組んでおこう。そして、**自己愛人間から受けた不当な扱いや、過大な要求を記録しておく**。いざという時に、何かの役に立つかもしれないからだ。職場の外でも積極的に交友関係を築いておこう。いつか脱出を決意した時のためである。

彼らの権力の舞台にとどまることで、あなたはどんな犠牲を払うのだろうか。権力を振るう自己愛人間のそばにとどまる時、健全な人間は表向きの仮面を維持するために大変なエネルギーを消耗する。あなたはこれまで何を得て、何を失い、どんな変化に見舞われただろうか。親や配偶者、恋人、友人との関係にどんな影響があらわれただろうか。今の職場に残ることに、果たしてそれだけの価値があるかどうかを、一度きちんと考えてみる必要があるだろう。

とりわけ重要なのは、私生活で健全な関係を築くことだ。現実を見失わず、歪曲を見破り、投げおろされた恥を振り払う力になってくれる信頼の置ける人間が、あなたには必要だ。

自己愛人間が権力を振るう職場では、彼らに惹かれやすいあなた自身の弱点を知り、あなた自身の自己愛傾向を抑制しよう。彼らの正体を見抜き、境界を築き、彼らの罠から身を守ろう。その上で健全な関係を築いて、自己愛人間の毒を中和するのだ。

18　歳をとった自己愛人間――鏡のひび割れ

歳を重ねると自己愛は傷つく。髪は薄くなる。肉はたるむ。忘れるのは早いが、思い出すのには時間がかかる。かつて自分の価値を認めてくれた鏡は、もはや自分を慰める像を映し出してくれない。役割は変わり、勢力の及ぶ範囲も縮小した。

自己愛人間は、加齢に伴う問題に否認という手段で立ち向かう。顔のシワ取り手術や腹の脂肪吸引を行なって、肉体の限界を強引に遅らせようとし、自分が「まだまだ充分な能力や魅力を備えた人間だ」と証明しようとする。速いクルマや若い恋人も、しばらくのあいだは幻想を保つ役に立ってくれるだろう。だが否認がほころび、鏡のひび割れが無視できなくなる時、自己愛人間は、**子どもっぽいねたみを抱いたり、相手をこき下ろしたりする。それは、何とか優越感を保ち、心の平静を取り戻そうとする必死の抵抗である。**

◎ディアドラとの夕食会

この夜も、ディアドラはダイニングテーブルで法廷を開いていた。70歳になる彼女は、3人の愛する息子と、そのぞっとする3人の妻を定期的に招いて夕食会を催し、気に食わない妻たちに容赦ない小言を浴びせるのだった。

ディアドラが夫を亡くして30年が経つ。充分な遺産を残してくれたおかげで、経済的な心配はまったくなかったが、今となっては、3人の息子がまともな相手を選ばなかったことだけが心残りだった。

なかでも最悪なのが長男の妻だ。働く必要があるわけでもないのに、たいしたキャリアウーマン気取りで、子どもも産まなかった。何にでも意見を言い、ディアドラをまっすぐに見る目つきも気に食わない。身の程もわきまえていない。可哀想な息子は、どうしてこんな知ったかぶりの女に我慢できるのだろう。

次男の妻は正反対だが同じくらい癪にさわる。4人も子どもを産み、体重は増え続けている。うちの立派な息子があんなみっともない太った女と一緒だとは、恥ずかしくてたまらない。服でも何でも趣味が悪く、子どものしつけもひどいものだ。

三男は二度も離婚し、今の妻で3人目だ。ずいぶん年下で、髪もスカートも短すぎるし、テーブルマナーは最悪で、知性のかけらもない。三男がさっさと、この女に飽きることを願うばかりだ。

ディアドラはテーブルを見まわし、嫌悪を隠しきれずに大きな溜め息をついた。妻たちは下を向き、息子たちは身構えた。今夜の標的は誰か。仕事のことで長男の妻を皮肉るのか。子どもたちの成績が悪いと言って、次男の妻の劣等感を煽るのか。それとも、三男の妻にフォークの使い方を教えるのか。ディアドラと夕食の席につく時、最初のコースはいつも、息子の妻たちに恥を掻かせることだった。


かつてディアドラは3人の息子にとって、母であり養育者であり、最愛の女性という立場や役割を独占的に主張できた。だが今は、それも義理の娘たちに奪われてしまった。ディアドラは、妻たちのやることなすことすべてが気に食わない。3人の息子は攻撃を免れるが、妻たちは悪意に満ちたねたみの対象である。

これも情緒が未熟な自己愛人間の特徴だ。すなわち、彼らは相手を「すべてよい」か「すべて悪い」のどちらかに分裂（スプリッティング）させる（スプリッティングについては16章を参照）。特定の状況で、「よい」が「悪い」に、「悪い」が「よい」に一瞬で入れ替わるが、相手を長所と短所の両方を兼ね備えた存在としてとらえられない。そのため自己愛人間の感情は、ローラーコースターよろしくめまぐるしく揺れ動き、彼らが下す相手の評価は、最高と最低のあいだを行ったり来たりする。だから大好きだった相手を、ある時、ある状況で、すぐに大嫌いになってしまう。**歳をとると、自分が必要とする相手を理想化してすばらしい人間と思い込んだり、おとしめて最低の人間だと切り棄てたりする傾向がいっそう強くなる。**

わたしの知人の話をしよう。その男性は若くして母親を亡くしたせいか、未婚の叔母に溺愛されていた。自己愛の強い叔母は、傲慢で、根拠のない中傷を撒き散らすという噂があった。だが、その叔母がなぜか甥にだけはとても優しく、一緒の時には、少女のように恥ずかしそうに笑ったりして特別な顔を見せるのだった。

ある日、叔母に理不尽な相談を持ちかけられた男性が、少々きつい言い方で叔母をたしなめたことがあった。すると、叔母が怒りを露わにした。お前は嘘つきだ、悪意がある、弁護士を呼ぶなどと非難して泣き叫んだのである。こうして最愛の甥は、とつぜん最低の人間に成り下がってしまった。ところが数日後、またしても唐突に叔母の機嫌が直り、男性はお気に入りの座に復帰したのだった。ふたりが後日、その件について話し合ったことはないが、もし話題にのぼれば、叔母はそんなできごとがあったことさえ否認したに違いない。

自己愛の強い高齢者には、妄想症《パラノイア》の特徴が見られることが多い。これは、病的な抑うつに対する防衛のあらわれである。自分が他者より優れているという幻想を維持できなくなる時、彼らは内側で破綻する。そして「復讐に燃えた人間が、弱った自分を滅ぼそうと攻めてくる」という妄想を抱く。悪意ある者が、自分の破滅を目論んでいるという妄想は、自分の無力感と依存の恐怖を何とかコントロールしようとする、自己愛人間の最後の試みだ。だがあいにく、そのような荒唐無稽な話は、彼らが依存する相手をいっそう遠ざけ、ますます彼らの人間性を奪ってしまう。誇大感と万能感を支えてきたすべてが崩壊する時、彼らの脆い自我も世界も意味を失い、絶望は病的な抑うつに変わる。慰めを与えてくれる唯一の残された手立てである、幻想へと通じる道だ。悲痛な現実を狂気が引き継ぐ。

ほとんどの高齢者はそこまで崩壊しない。だが狂気との境目を、不安と恐怖に取り憑かれた状態でさまようのかもしれない。そしてパニックを起こし、周囲の者を途方に暮れさせるのかもしれない。自己愛の強い父親を持った娘の話を紹介しよう。

◎モーリンの場合——父親の無力感をぶつけられて

モーリンは、75歳になる父の態度に苛立っていた。2年前に妻を亡くした父は、家事ひとつできなかった。自分では何もできないのに、モーリンが雇った家政婦を誰ひとり気に入らず、次々にクビにした。それなのに、日常の簡単なことができなくて腹を立てては、毎日のようにモーリンを電話で呼び出す。最悪なのは夜中の電話だった。寝ている彼女を呼びつけて、心臓発作を起こしたと騒ぐのだ。ところが慌てて駆けつけると、健康状態には何の問題もなかった。しかも、医師が不安をしずめる薬を勧めると、断固として拒否した。

4人姉妹のうち、母の葬儀を取り仕切り、遺品を片づけたのはモーリンだった。それでも、父はまだ満足できなかったらしい。感謝の言葉もなければ、娘の生活には何の関心も配慮もなく、少しでも自分の思いどおりにならなければ、モーリンを痛烈に罵った。

死を目前にした母に対する父の態度は、モーリンをひどく傷つけた。母の苦しみに無関心などころか、怒りを露わにし、まったく介護を手伝おうともしなかったからだ。それどころか、葬儀の日に「新しい女性に出会いたい」などという、無神経な言葉まで口にした。父が冷淡で扱いにくいことは知っていたが、これほど冷酷だとは思わなかった。

最近、父の残酷な態度はますますひどくなった。余計な世話を焼くなとモーリンを怒鳴りつけ、家のものを盗んだと非難する。モーリンが家族のために開いたパーティでは、ほかの娘たちにモーリンの悪口を吹き込み、モーリンの姉妹の機嫌を取り、愛想を振りまいた。モーリンはとつぜん自分が父の敵になったことを痛感し、激しい疎外感を覚えた。姉妹が州外に帰ってしまえば、父はまたもや依存し、モーリンにあれこれ要求するはずだ。状況を打開する方法も見出せず、重荷を理解して分担してくれる人もおらず、モーリンは絶望的な気持ちを味わっていた。

尊大な特権意識を持ち、娘を利己的に利用するモーリンの父親の言動には、思いやりのかけらもない。独立したひとりの人間である娘に対する、過大な要求と関心のなさに、境界の欠如が明確にあらわれている。

父親はすべてを自分の思いどおりにコントロールしたがった。そのいっぽうで、**自分の無力感を娘というスクリーンに投影した。**その感情は奇妙に作用する。父親が無力感を覚えれば覚えるほど、ますます娘をコントロールでき、モーリンに自分の無力感を植えつけることができる。自分が恐れる無力感を娘に押しつければ、自分は恐怖に怯えずにすむ。父は娘を使って、しぼんだ自己を恥じる気持ちを回避したのである。かつてはモーリンの母親が、夫の精神状態を調節する役割を担っていたのだろう。そして母親が亡くなると、今度は娘のモーリンがその役を引き継いだ。父親が投げ棄てた無力感や恥の受け入れ容器に、モーリンがなったのだ。だからこそ、彼女は母親の時と同じように、父親に侮辱されなければならなかった。

妻を失った年配の男性としては、弁解したいところだろう。落ち込んで、不安だらけで、どうやって生きていけばいいか戸惑っていたのだ、と。だが、自己愛の特徴は、歳とともに猛スピードで悪化する。だからこそ、面倒を見る人間——幼少期から親の自己愛に苦しんできた娘や息子——には、次のような戦略が必要となる。

◉サバイバルのためのポイント——高齢の自己愛人間の親に対処する
戦略１：自分を知る

自己愛人間の親は、どのように加齢に対応し、どのような影響をあなたにもたらしているだろうか。その点を理解することは重要だ。なぜなら、あなたも親も歳を重ねるにつれ、同じドラマを繰り返し再現することになるからだ。

自己愛の肥大した親のもとで幼少期を過ごし、子ども時代を生き延びてきたあなたは、現在、自分の人生を自分でコントロールする、より多くの選択肢を手にしている。以前のようなかたちで親に依存していないにしろ、今も自分のなかに、明確に区別のつかない親の断片を持ち運んでいるかもしれない。それについてはできることがある。

親と分離したひとりの人間になるのだ。

そのためには、まずは自分を知ろう。自分の長所や価値をじっくり確認し直し、あなた自身の長所や価値をうまく活かして、親と分離したひとりの人間になるのだ。これまでにどんな戦略が役に立ち、どんな戦略には効果がなかっただろうか。

自己愛の肥大した親の罠にまんまとひっかかって、あなたは何度も利用されてきた。今後も親との関係を続けるつもりなら、親子関係のプロセスを検討する必要がある。特に、自己愛のドラマで同じ役柄を再演させられるプロセスに注意しよう。あなたの"怒りのボタン"はどこにあるのだろうか。どのボタンを押されると、怒りが爆発するのだろうか。あなたの親は、そのボタンをどうやって押すのか。それらの点について詳しく振り返り、ボタンを押された時には、あなた自身が自制心を働かせる必要がある。

自己愛の強い高齢の親の面倒を見る時、あなたは役割の逆転を体験することになる。かつてあなたの親は、あなたを慈しんではくれなかった。その親を、今度はあなたが慈しまなければならない。誰かに依存されることを、あなたはどう思うだろうか。親は今もあなたにどんな影響を及ぼしているだろうか。実際にその時がきて、親の面倒を見なければならなくなった時には、親の自己愛はあなたにどんな影響を及ぼすだろうか。

年老いた親は否認やねたみ、軽蔑や操縦を使い分けて、敵意や恐怖、無力感を露わにし、理不尽な要求を突きつけてくる。その時に湧き上る感情を、あなたはどうやってコントロールするつもりだろうか。

高齢になった自己愛人間とのつきあいは、実に腹立たしく、消耗する試練だ。家族のメンバーや親戚まで巻き込み、いろいろなドラマが展開する。そのプロセスと、自分自身の反応について理解を深めておけば、それだけうまく対処できるはずだ。

戦略2：現実を受け入れる

歳をとった自己愛人間の問題に向き合う時に大切なのは、親がそのようにふるまう理由を理解することだ。つまり、「あなたの親が未熟な精神構造の持ち主だ」という現実である。だが、その現実を実際に受け入れることは難しいだろう。しかも受け入れた時には、あなたは望みを棄てなければならなくなる。いつか親が「あなたを、独立したひとりの人間として認めてくれる」という望みである。

自己愛人間がみな同じではないし、高齢期の行動や態度も同じではない。しかも、加齢はわたしたち全員に自己愛の問題を突きつける。だが歳を取った自己愛人間は、共感のこもった周囲の支えを得て、高齢期に適応することができない。だからこそ、**自己愛の肥大した親に対処するためには、実生活において、行動面だけでなく情緒面での欲求も満たすことが大切になる。**たとえば——

- どんな小さなことでも気軽に褒める。
- 対決するような態度を取らない。
- **恥の意識をもたらすような言動は慎む。**ねたみを誘わないよう、親の知人やあなたの幸運やすばらしさについて話さない。
- 生活のなかで、親が自分でできることを無理やり取り上げない。
- 親の行動や態度を、過去の経験のプリズムを通して解釈しない。
- 責任のありかを追求しない。
- 親を使って、あなた自身の怒りや失望、悲しみの感情を処理しない。
- **今さら親を変えようとしない。**
- 扱いにくくても、共感を持って接する。
- 自分よりもっとうまく親との問題に対処できる人がいれば、その人の力を借りる。
- いつか親と相互関係が結べるという望みは棄てる。

精神分析家のオットー・カーンバーグは、自分に愛情を示してくれる相手を激しく攻撃して、破壊しようとする自己愛を「悪性」と呼んだ。悪性の自己愛は、サディスティックで反社会的、妄想性である点が大きな特徴だ。彼らは破壊を目論み、相手の人間性を奪おうとする。歳をとるにつれ、妄想はますます過激になる。あなたの親がこのタイプならば、ぜひとも距離を置いたほうがいい。

現実を受け入れるもうひとつの方法は、自分にこう言い聞かせることだ。**「わたしがどう努力しても親は変えられない。わたしは親が望むような完璧な人間にはなれないし、親を満足させて、無条件の愛を勝ち取ることもできない。親がわたしを愛せず、敬意も示せないのは、わたしの人間的な価値とは何の関係もない。**自分が完璧な人間になれば理想的な親が持てる、という幻想にしがみつけばしがみつくほど、自分で自分を傷つける。だから、わたしは自分自身の長所や価値を見つけよう。わたしを認めてくれ、ありのままのわたしを受け入れてくれる人との絆を深めよう。わたしには愛を手に入れる価値がある。ただその愛を、親が与えられなかっただけだ」と。

ありのままの親の姿を見つめよう。親の能力の限界を受け入れよう。現実的な評価と、あなたの心が告げる事実に従って、親とのつきあい方を決めるのだ。

戦略3：境界を設定する

親との関係を断ち切らずに今後も維持すると決めたのなら、「許容できる親の言動」と「あなたの身の守り方」の2点について、境界を設けよう。

まずは**あなたが腹を立て、自制心を失うような親の言動や状況を書き出そう。**たとえば親はあなたを直接攻撃するのだろうか。あるいは、あなたの配偶者やきょうだい、子どもに辛辣な悪口を吹き込むのだろうか。あなたの頭に血がのぼるのは、親にまんまと利用されたとか、正当に評価されていないとか、理不尽な期待を押しつけられたと思う時だろうか。あなたが苛立つのは、親の不安のせいか、否定的な態度や癇癪のせいだろうか。あなたは役に立たない慰めを与えるという、際限のない罠に陥っていないだろうか。

あなたを怒らせる親の言動や状況が明らかになったら、**今度は、その罠から逃れる方法を見つけよう。親の発言を、マイナスではなくプラスの意図にとらえ直すのだ。**たとえば、批判を〝助言〟ととらえれば、仕事の決まらないあなたの身を〝案じて〟くれているのだと受け取れ、あなたは被害者意識を持たずにすむ。親に本気であなたを助けるつもりがなくても、あなたがそう解釈すれば、「自分は今でも子どもにとって重要な存在であり、子どものあなたに影響を及ぼせる」と思いたい親の欲求を満足させられる。つまり、**「親の言動をやめさせるのではなく、その言動にあなたが振りまわされるのをやめる」というかたちで、事態をコントロールする**のだ。

自分の前では特定の言動を控えてほしいと、親に直接頼むのもいいだろう。効果のあるなしはわからない。だがその時に大切なのは、実際に親を変えられるという効果ではなく、あなたが毅然として、親に自分の意志を伝えられるかどうかにある。

親とのあいだに、思い切って境界を設けてみるのも手だろう。そして「境界を守らない時には、こうするつもりだ」と冷静な態度で告げるのだ。いったん決めた境界は、絶対に撤回してはいけない。まずは小さなことからはじめるのが、成功の秘訣だ。それが、子ども相手の対処法のように聞こえたら、実際、そのとおりだからだ。

心理学者のエラン・ゴラムによれば、情緒的に独立したひとりの人間として、心の平静を保つために重要なのは、**相手から挑発された時に「闘争的でない断固たる態度」を取り、「穏やかな無関心」で対応する**ことだという。だがそれには、かなりの訓練が必要になる。

罪悪感や恥の意識を利用してあなたを操ろうという、親の罠にはまってはいけない。善悪の判断を下すのも、自分がどこまでなら責任を負うのかを決めるのも、親ではなくあなた自身である。あなたと愛する者の人生や幸せを犠牲にする必要はない。理不尽な要求に屈してはいけない。親の要求は断っても構わないのだ。何もかも自分の欲求が優先されて当然と考える親に操られずに、あなた自身が優先順位をつけるのだ。淡々と要求に応じる第三者に依頼するのもいい方法である。

問題が持ち上がる前に、親についてどこまで容認するかを、あなたのほうで決めておこう。そして、いったん決めたことは、過剰に身構えない態度で実行するのだ。

戦略4：相互関係を築く

もし、あなたが自己愛の強い親の面倒を積極的に見ているのなら、第三者の支援をあおぐ必要がある。支援の必要性を軽んじないこと。自己愛人間から定期的に離れて休養を取り、愛する者との生活を楽しむのだ。

あなたが親の自己愛によって負った傷から回復するために、そして晩年を迎えた親が充分な世話を受けられるためには、家族の改革が必要な場合もあるだろう。家族の誰もが、ほかのメンバーに——たいてい親に——割り当てられた役割を担っている。あなたは、幼い弟妹の面倒を見る役を押しつけられていたかもしれない。身代わり《スケープゴート》か、欠陥品という役まわりだったかもしれない。だが、あなたにはそれ以上の価値があることを、親にも家族のメンバーにも知ってもらう必要がある。

敬意を持って家族に接し、相手の気持ちや欲求も認め、自分にも同じように接してほしいと伝えよう。状況はすぐには変わらないだろう。抵抗も予想される。だが、あなたには自分自身を、そして家族とのつきあい方を変えることができるのだ。

家族のなかで相互関係を築けない時には、別の場所に求めよう。自分が選んだ友だちで「第二の家族」をつくるのだ。その新しい家族は、長期にわたってあなたを支え、あなた自身の最終章に向けた準備も手伝ってくれる人たちである。親にとっての高齢期が苦難に満ちたものであっても、あなた自身は愛することと愛を招き入れることで、親と同じ運命を避けることができる。

たとえあなたが自己愛の肥大した親と和解して、利用されていると感じることなく親に与えられ、見返りがなくても親を愛し、しかも親がこれまでも、そしてこれからも自分の求める親ではないという事実を受け入れられたとしても、あなたには自分にふさわしい相互関係を、どこかほかの場所で探す自由がある。

第5部

子どもを自己愛人間にしないために

19 自己愛社会を生きる

自己愛傾向が著しく強いと、パーソナリティ障害と診断される場合がある。自己愛は本人だけでなく、ともに暮らし、ともに働く人たち、特にその自己愛人間を愛し、彼らを頼って生きる人たちを苦しめる。**自己愛という病に特効薬はなく、歳をとればとるほど悪化する。**悪性の場合はとりわけ治療が難しい。なぜなら、心理療法が効果をあらわすためには、何よりもまず自分に欠陥があることを認めなければならないが、彼らにはとてもそんなことを認めることはできないからだ。

完全な「自己愛性パーソナリティ障害」はまれとされているが、自己愛の特徴は決して珍しいものではなく、たくさんの人が毎日、何らかのかたちの不健全な自己愛を目にする。それどころか、不健全な自己愛はあまりにもわたしたちの文化に浸透しており、まるで正常に見える始末だ。

そうして当たり前になった価値観は次の世代へと伝えられ、子や孫の精神や人格を形成する。世代から世代へと自己愛を受け渡すおもな伝達者はもちろん親であるが、そのいっぽうで、自己愛のイメージや価値観が蔓延する世の中で、それぞれの親や家庭は、健全な子どもを育てるという難しい戦いを強いられている。

社会学者が文化の自己愛傾向について言及するようになって、すでに数十年が経つ。「自己中心主義の10年（ミー・ディケード）」は、1980年代で終わったわけではなかった。そして「自己中心主義の世代（ミー・ジェネレーション）」が、自分のことしか考えない〝特権意識モンスターの子どもたち〟を大量に生み出してしまった。

本書の冒頭で紹介した**「自己愛人間の7つの大罪」は、もはや個人の病理の問題ではなく社会現象**であり、21世紀も猛威を振るうことがわかるだろう。

境界の欠如と限界の否認

科学の発達は、重力に挑み、時空を超え、加齢を遅らせ、死を免れ、生命さえつくり出してきた。そして、「境界や限界とは無視するか克服すべき障害だ」ととらえる風潮が生まれた。まるで限界などあってはいけないかのようだ。イノベーションをもたらす秘訣のひとつは、「既成概念にとらわれるな」である。ルールを公然と無視する現代のカウボーイは、今の時代も英雄だ。今日、特権意識は個人レベルでも集団レベルでも蔓延している。世間が好むのは、誇大感や万能感を満たしてくれ、何でも手に入って当然だという錯覚を生み出す、無限の可能性のイメージである。

だが、これらのメッセージを積極的に子どもたちに刷り込んできた方法に、多くの者が警鐘を鳴らしている。特に批判を浴びている方法のひとつが、1980年代後半から90年代にかけて起きた「自尊心運動」だろう。この運動は、カリフォルニア州議会議員のジョン・バスコンセロスが先頭に立って、子どもの自尊心を育てる目的ではじまった。もともとアメリカの初等教育では、「読み」「書き」「計算」の3つを重視してきた。だが1987年になると、これに「責任（Responsibility）」「自尊心（self-Respect）」「対人関係（Relationship）」の「3つのR」が新たに加わったのである。

当時、犯罪や暴力、児童虐待、慢性的な貧困、10代の妊娠、薬物乱用などの原因は、「自分を充分に愛せないことにある」と考えられていた。だからこそ、犯罪や貧困といった問題の有毒な影響に対して、〝自尊心という社会的ワクチン〟を予防接種することで、それらの問題から子どもたちを守ろうとしたのだ。壮大な理想だったことは間違いない。

猛烈な特権意識

その後、自己中心主義の世代が成人すると、「自尊心は〝よい行ない〟に伴うものではなく〝いい気分〟に伴うもの」として、子どもたちに教えられるようになった。それと同時に、「正直」「人の役に立つ」「自制心」といった、よい習慣を植えつけてきたかつての人格教育は、子どもを辱めるものと考えられるようになった。

やがて「自尊心の時代」が到来すると、誰もが勝者になった。教師は一人ひとりの生徒を褒めちぎり、特別だと保証し、どの子どもも「よくやっている」と評価する。実際の結果が悪かろうが、成績が凡庸だろうが関係ない。能力別のグループ分けも、才能ある子どもの特別扱いもなくなった。「誰かより劣っている」と、子どもが感じるような競争も禁止されてしまった。

そして、子どもは学んだ。**平等な結果は平等な機会と同じくらい当然であり、結果や成績のよし悪しに関係なく、誰もが高い評価や利益を得て当然だ、と。**これにはさらに、「悪い気分を味わうことは正常ではない」という、有毒なメッセージまで含まれていた。**自分の思いどおりの結果が得られずに気持ちが傷ついた時には、悪いのは自分ではなく〝ほかの何かや誰か〟だ――自分は被害者であり、自分以外の何か、ほかの誰かに責任があり、自分は正当な評価や利益を得る権利がある、**というメッセージである。現代の子どもが、ひどく怒りっぽく攻撃的なのも、こうした考え方に原因があるのかもしれない。

だが最近では、自尊心運動に不信の目を向ける者も多い。その理由のひとつは、「責任」「自尊心」「対人関係」という新しい「3つのR」が、「読み」「書き」「計算」という「基本の3つ」を締め出してしまったため、「自分にはその基本が習得できていない」という事実に、子どもたち自身が気づきはじめたからだ。たとえ教師から褒めちぎられ、全世界から肯定されたとしても、基本の学力がないかぎり、子どもたちはやはり本当の意味で〝いい気分〟にはなれなかった。こうして、本当の学力を身につける機会を奪われて、特権意識だけが膨れ上がった子どもは、わがままな10代に成長してしまった。

傲慢な態度、ねたみ、権威の崩壊

いっぽう、大人の権威も失墜した。「不純な大人と違って、子どもは純粋だ」と考える大人が増え、子どもの社会化を促す責任を大人は都合よく免れてきた。だがそのために、必要に応じて、子どもをコントロールする力も奪われてしまった。そして、子どもは放って置かれた。子どもの好ましくない行為も、「ちょっと変わっているだけ」とみなされるようになった。自分のことで頭がいっぱいの親が責任を放棄してしまったのだから、大人の道徳的権威を子どもが認めなかったとしても、驚くにはあたらない。学級崩壊が増えたのも、子どもが大人の権威を認めないからだろう。

若い世代が大人に敬意を示さないという現象は、「スピリチュアルの世俗化」という現象に通ずる。若者は神の権威にもとづく宗教を否認し、自分独自のスピリチュアルな体験を好む。「水瓶座の時代《エイジ・オブ・アクエリアス》」から「ニューエイジ」まで、20世紀後半に主流となったスピリチュアルな存在は、神ではなく「わたし《ミー》」の高次のかたちだった（訳注：「水瓶座の時代」とは、１９６０年代にアメリカ西海岸で主流となったスピリチュアルな思想。物質文明の時代が終わりを告げ、新たな霊的文明が勃興するという考え）。

自己愛人間は外部の権威に従おうとしない。だからこそ、内なる神、すなわち自分自身のなかの「高次の力」を重視するスピリチュアリズムにひかれるのだろう。

それが究極の道徳性の発達（権威の内面化）なのか、幼児的な誇大感の行使なのかは、その人によって異なる。だが、その高次の力がただ「神を演じている自己《ミー》」にすぎない時には、勘違いが起きやすい。

道徳の相対主義と恥のなさ

自己愛時代を象徴する事実のひとつは、善悪の区別が曖昧になったことだ。まるで社会全体で善悪の基準が確立されておらず、誰もが誇大感と万能感の幻想にしがみつき、みずからの過ちを認めず、恥の意識を抱かずにすむようにしているかのようだ。

ものごとが自分の思いどおりにならないと、わたしたちはすぐに責任を転嫁する。その顕著な例が、銃器メーカーやタバコ会社を相手どった裁判だろう。わたしたちはその巨悪の象徴のような企業を相手に、万能感の欲求を投影する。銃を所持するかタバコを吸えば自分が強くなり、大きな影響力を手に入れたように感じる。銃やタバコが人の命を奪うことは知っていても、巨悪が自分の身の安全を保証してくれるはずだと考え、自分は危険を免れていると思い込む。ところが現実が入り込み、タバコを吸ったせいで悪い病気になってしまったと思えば、誇大感は裏切られ、耐えがたい恥の意識を味わう。そして復讐心に燃え、タバコ会社を訴えて巨悪を相手に戦おうとする。

現在の法制度や裁判制度も、自己愛人間の味方だ。反則すれすれの巧妙な手口で、真実を歪められる。無罪を勝ち取るために、弁護士は陪審員の同情を買おうとする。とりわけ効果的なのは、被告が「実は被害者だった」という物語である。

恥の意識は社会の究極の悪になったようだ。善悪の区別が曖昧なあまり、暴力や腐敗でさえ、「個人の選択」になってしまったかのようである。わたしたちはつい、責任を負うべき誰かや何かを探す。誰もが、自分は被害者だと主張できる時代なのだ。

現実の歪曲「イメージがすべて」

政治家からアスリート界の英雄まで、カリスマ起業家から芸能界のセレブまで、イメージは権力を支える柱のひとつである。権力を握る者や渇望する者は、選挙ストラテジストや報道担当官、コミュニケーション戦略家、エージェントやメディアコンサルタントを雇って、世間向けのイメージを徹底的にコントロールしようとする。イメージを受け取るわたしたちも、うまく操られていると知りながら、そのショーを楽しむ。やがて現実は歪められ、いったい誰を、何を信じていいのかわからなくなる。

それでも幻想からは逃れられない。イメージがすべての時代、わたしたちは現実に対する食欲を失う。そしてイメージを文化の理想として取り入れ、やがてそれがものごとの判断基準となり、価値観を歪め、人生に大きな影響を及ぼす。

イメージは猛烈な力で人を誘惑する。アメリカでは、豊胸手術を受ける女性の数が増えているばかりか、低年齢化している傾向がある。「もっと魅力的になりたい」という外見上の理由と、「もっと自信を持ちたい」という精神的な理由から、大学進学費用を豊胸手術にまわすティーンエイジャーも多いという。おおぜいの少女が母親の勧めで手術を受け、その母親も、文化が理想とする外見に似せるために整形手術を受けた経験を持つ。イメージをうまく操作することが、望みをかなえる方法だと考えるからだ。

競争が利己的な利用になる時

イメージはありとあらゆる方法でわたしたちを刺激し、誘惑する。イメージの氾濫によって欲求を刺激されたわたしたちが、目にしたものをほしくなっても、ものごとに制限がある以上、そこに競争が生まれる。競争は本来、有害なものではない。人間にはほしいものや必要なものをかけて戦う、攻撃的な本能がプログラムされているからだ。競争はもともと健全な行為であり、勝敗が決まれば競争は終わる。勝者だけでなく敗者も恩恵を得て、競争に参加してベストを尽くしたという充実感を味わう。

ところが最近では、競争のための攻撃性が非難されることが増えた。勝負がついても攻撃性が収まらず、競争が終わりを告げないからだ。勝者が敗者を必要以上に辱めることも珍しくない。それは健全な攻撃性ではない。相手の利己的な利用と相手の破壊である。

自己愛文化の特徴は、現代の社会構造に深く織り込まれている。わたしたちはその文化のなかで暮らし、働き、愛し、子どもを慈しみ、育てる。だが、自分たちと未来の世代を現代の自己愛の風潮から守りたいのなら、不健全な自己愛文化に断固として抵抗しなければならない。「自己愛人間の7つの大罪」を目にするたびに、それらの不健全な影響と戦う必要があるのだ。そして、その戦いは家庭からはじまる。

20　よい親になるために

コネチカット大学ローパーセンターが10代を対象に「全国青少年調査」を実施し、「今日のアメリカで間違っていると思うことは何か」について質問をした。15項目のなかから選択するかたちで、次の４つが上位に選ばれた。

1　利己主義／他者の権利を考慮しない人びと（56％）
2　法と権威を尊重しない人びと（52％）
3　政治家の間違った行ない（48％）
4　10代以下の子どもに対する親のしつけの欠如（47％）

実のところ、これは１９９９年に行なわれた調査であり、どうやら若者は社会に氾濫する自己愛傾向に20年も前に気づいていたらしい。

アメリカ社会にはびこる自己愛のほとんどは、「文化の影響」と「間違った親業」

から生まれた。しかも、このふたつは密接な関係にある。ベビーブーム世代は伝統的な価値観を「抑圧的で進歩的でない」として切り棄て、〝自分たちに都合のいい〟親業のかたちを求めた。その結果、子どもにとっていいことよりも、親個人の充実感を優先する人びとが登場した。

たくさんの親が自分の幸せを追い求めて誇大感や万能感に浸り、完璧主義に陥り、子どもの欲求を無視した。我が子の扱いにくい行動や態度を、成長の証のように見誤ったり読み違えたりした。

周囲を見渡してみよう。こんな親はいないだろうか。

- 子どもに非現実的な期待を抱く。
- 子どもの気持ちや望みにお構いなしに、我が子の生活をコントロールする。
- 子どもを通して自分の人生を生きる。
- 自分の欲求を満たすために子どもを利用する。
- 自分の不安を子どもに感染させる。
- 我が子を友だちか腹心の友のように扱う。
- 親どうしの衝突や口論に子どもを巻き込む。

次のような親はどうだろうか。

●過剰にコントロールする。

●すぐに干渉する。

●子どもの前で性的な話をしたり、下品な行動や態度を取ったりする。

●自分のことで頭がいっぱいで、子どもの生活に関与しない。

そのような親は、「わたしは何でも手に入れられるか、手に入れられて当然だ」「わたしの幸せや自己実現の追求は、誰にも邪魔されるべきではない」という、ふたつの勘違いをしている。

現代の親業は、まさしくこのふたつの間違った考えに毒されている。

◉自己愛の肥大した子どもをつくる親の7つの態度

間違った親の態度その1

我が子は特別だから、どんな経験でもでき、どんな利益でも手に入れられて当然だ。

親が与えられないのなら、社会が与えるべきだ。

今日、「特別」という言葉は本来の意味を失った。かつて特別とは、並外れた特性や能力を持つか優れていることを意味した。ところが現代では、「自分は特別な存在だと感じることが、自尊心の本質的な要素だ」と勘違いしている人が多い。そして、自分は周囲に特別な気分にしてもらって当然だと考える。

確かに、すべての子どもはその親にとって特別であるか、そうあってほしいと願う。子どもたちもまた、一人ひとりが唯一の存在で、その個性ゆえに思いやりと敬意を持って扱われる権利がある。だからといって、周囲が我が子を特別扱いすべきだという理由は成り立たない。

子どもは虐待からも育児放棄《ネグレクト》からも守られ、公的な学校教育を無償で受けられる権利を持つ。それ以外にも、子どもに与えられるもののほとんどは、親や周囲の人間が〝善意で〟与えるものであって権利ではない。なるほど子育ては、地域の共同体や社会が〝みんなで〟行なうものかもしれない。だが、まずは彼らを生んだか育てるか、その面倒を見る者の責任である。たいていの親は、自分を犠牲にしてでも子どもを養う覚悟があるが、あいにく、すべての親がそうではない。自分は特別扱いされて当然だと考える自己愛の肥大した人間は、生涯を通して対人関係に苦しむことになる。

間違った親の態度その2
我が子は決して苦しむべきではない。子どもが幸せでなければ、自分は悪い親だ。失敗はつねにマイナスの体験であり、何が何でも避けなければならない。

試練や失敗は人生の貴重な経験の一部だ。苦痛を伴う体験から、できるだけ我が子を守ってやりたいと願っても、コントロールの及ばない事態は必ず発生する。病気や事故といった悲劇に見舞われることもあるにしろ、子どもが毎日の生活のなかで体験するのは、せいぜい「試合に負けた」「最新のゲームを買ってもらえない」といった、ごくありふれた挫折だ。今日の親は、そのようなほんのちょっとした試練までも取り除こうとする。だが、そうやって必死で子どもを守ろうとする親は重要な点を見落としている。「人生の危機や挫折に立ち向かうことで、子どもは強くなる」という点だ。大人の適切な助けがあれば、試練や失敗でさえ、子どもの人格形成に大きく役立つ。

親が子の苦しむ姿を黙って見ていられないのは、それが自分の身に起き、その痛みを自分のことのように感じるからだ。その原因は、我が子との過剰な一体感にあるのかもしれない。これはふたつの意味で有害だ。ひとつは、子どもの体験を、親が「何でも自分の問題」として我が子から取り上げることで、子どもが親から共感に満ちた支えを得る機会を奪ってしまうからだ。もうひとつは、子どもの苦しむ姿に耐えられない親が、コントロールした世界をつくり出して、「我が子の苦痛を勝手に追い払って」しまうからである。親がつくり出した世界に子どもが慣れてしまえば、子どもは苦しい試練を乗り越えるという、人生の貴重な体験を失ってしまうことになる。

そして、「特権意識モンスター」が生まれる。特権が認められないと、子どもは癇癪を起こす。だが癇癪を起こすのは、彼らの行儀が悪いからではない。試練を乗り越えるスキルを身につける機会を、親が与えてこなかったからだ。子どもに必要なのは、苛立ちや怒り、失望や喪失、孤独、退屈、ねたみや罪悪感などのいろいろな感情を抑制する機会であり、そばにいて導いてくれる大人の適切な助けである。彼らに必要なのは、現実の世界で自己を正しく認識する体験だ。つまり、勝者と敗者、善と悪、自立と依存、与える側と受け取る側、自己主張と思いやりについて学ぶ機会である。

間違った親の態度その3
親のわたしにとってよいことは、子どもにとってもよい。もし子どものために、自分を犠牲して自己実現を諦めたら、わたしは不幸であり、その不幸が我が子にも悪い影響を及ぼす。

このような態度の根底にあるのは、親が我が子を、分離したひとりの存在とみなせないことだ。親子の欲求が往々にして異なることを理解できない親もいれば、自分にはよくても、子どもの心に傷を残すような選択をする親も多い。

たとえば、離婚は親子の絆を破壊し、子どもに不安定な生活を強いる。アルコールやドラッグなどの依存症の親は、子どもの欲求には無関心だ。華々しいキャリアを追い求め、派手なライフスタイルに夢中の親は、子どもを放任したり一貫性のない子育てをしたりする。ほかに選択の余地がなかった場合もあるにせよ、親が単に身勝手で、子どもに与える影響を顧みない選択だった場合も多い。

「親のわたしにとってよいことは、子どもにとってもよい」という考え方は、子ども自身の欲求や関心をないがしろにしている。それは、わが子が苦しんだり悩んだりしている時に、見て見ぬ振りをするのと何ら変わらない。

そのような親の態度は、子どもの自己愛を長引かせる。子どもの境界意識は育たない。〝親の助けが得られず、自分で自分を育てなければならなかった子ども〟は、まだ充分に発達してもいない自分の能力に頼らざるを得なくなり、大人になっても万能感や怒り、分離と依存の問題を抱えてしまう。

子どもが、不幸な親よりも幸せな親と暮らしたほうがいいのは紛れもない事実だが、子どもにとってベストなのは、「親が親であることに幸せを感じる」ことである。

間違った親の態度その４

子どもは自分を自由に表現する必要がある。彼らの〝純粋な〟精神に大人が干渉しなければ、子どもは〝自動的に優れた人間〟に成長する。親の権威を振りかざして、子の問題行動をやめさせようとしても無駄だ。恥を掻かせて、子どもを遠ざけてしまうだけだ。

誰も悪者になりたくない。特に、我が子相手に悪者になりたい親はいない。だが、子どもの自然のままの純粋さを信じることは現実の歪曲であり、我が子を社会の一員として育てるという親の責任を放棄することだ。親の導きが得られなかった子どもは、自動的に優れた人間には成長しない。幼児期の自己愛を抱えたまま、問題行動を起こす可能性が高い。

◎ジョニーの場合――自分なりの考えを持った息子

職員室にざわめきが起こった。小学2年生のジョニーがまた、大喧嘩をはじめたのだ。担任のルースは何度も言って聞かせようとしたが、無駄だった。ジョニーはいつも自分が正しく、相手が間違っていると訴えた。ほかの子どもが、自分のやり方に従って当然だと思い込んでいるのだ。友だちが自分のやり方に従わないと、横柄な態度で挑発した。ギブ&テイクのスキルがまったく身についてなかった。

ルースは両親を呼び出した。正直なところ、これまで向こうから何の連絡もなかったことが驚きだった。喧嘩のたびに、ジョニーは切り傷をつくり、服を破って家に帰ったからだ。ところが両親と顔を合わせてみると、ふたりは息子の行動に何の疑問も抱いていないようだった。

「うちの息子には、ちゃんと戦うように教えてきましたから」母親が言った。

「自分なりの考えを持った子どもですからね」父親が割り込んだ。その声に、ルースは誇りを感じ取った。

「ええ」ルースは慎重に言葉を選んだ。「確かに大変な自信を持っていますし、自分の望みを伝えることに問題はありません」そう聞くと、両親は満面の笑みを浮かべて顔を見合わせた。「ですが」とルースは続けた。「ほかのお子さんの望みを聞くことと、相手の気持ちを尊重することに問題があるようです。自分の思いどおりにならないと、非常に攻撃的になります」

「まだ、子どもでしょ」母親が肩をすくめて言った。「子どもは喧嘩をするものよ。放っておけば、子どもどうしで何とかするでしょう。わたしたち、家ではそうしてますし、それでうまくいってますから！」

幼児期の自己愛を克服するために、親は子どもを適切に導いてやらなければならない。**幼稚な誇大感や万能感をしぼませ、風船の破裂に伴う恥の意識を調節する手助けをしてやる必要がある。**子どもが手本にできる、愛情にあふれた、断固たる親の姿も必要である。重要なのは、正しい行為や大切な価値観を教え、その教えをみずから自制心を持って実践する親の姿である。子どもに善悪の判断力を身につけさせるためには、ただ教えるだけではなく、子どもが敬意を抱く存在に、親自身がならなくてはならない。

間違った親の態度その5

子どもはつねに、親の本当の姿を知っておくべきだ。そのためには、我が子を友だ

ちのように扱い、親の気持ちを打ち明け、親しさを態度であらわすべきだ。親の考えや感情を何でも話し、過去の恥ずかしい体験や問題もすべて明らかにすべきだ。

◎ティナの場合——小さな大人

ティナの母親は、娘のことをいつも「生まれつき強い子だ」と紹介した。抑うつ症状を訴える母親が寝室に引きこもる時には、まだ幼い妹たちの面倒も家事も任せられたからだ。ティナは10歳だが、年齢以上によくできた子どもで、母親が父親に不満を抱く理由さえ、ちゃんと理解している。

ティナは父親が大好きだ。ふたりで家事をこなし、買い物に出かけ、食事をつくって、日曜日には父親とふたりだけでトランプをする。母親だけでなく父親も、ティナを信頼の置ける友として頼りにした。ティナは父親の悲しみや怒りも理解し、本当は母親よりも父親の味方である。

幼稚園の頃から、ティナは「大人びた口をきく女の子」として有名だった。成績はトップクラスで、担任のお気に入りでもある。だから、小学校で反抗的な態度を取り、家で口答えをするようになると、誰もが驚き、きっと周囲の子どもたちよりも、思春期が早くはじまったのだろうと考えた。

我が子の発達段階において、親はそれぞれの子に応じた欲求や能力を理解しなければならない。その子なりのペースや特徴をつかんで、子どもが処理できることと、できないこととを現実的に理解したうえで、共感を示す必要がある。また、親子のあいだで適切な境界も守られていなければならない。

適切な境界とは、子どもを、秘密を打ち明ける相手や友だちとして扱わないことだ。そのように扱えば、子どもを「特別な気持ち」にさせるだろうが、それは間違った特別感である。親と子は同等だ、という誤ったメッセージを送ってしまい、親子の役割が曖昧になってしまう。そのような子どもは、やがて親だけでなく大人全般の権威を尊重しなくなる。それは、子どもが本当の自己の発達を犠牲にして、親の誇大感や万能感の共有を許されてきたからだ。子どもは、親が自分に示すそのような親しさを、嬉しく思うと同時に煩わしくも感じる。しかも、親がそういう態度を取るのも、子どものためというよりも、ただ親が望むからという場合が多い。

間違った親の態度その6

セックスは自然なことであり、大人が不自然に隠したりして、子どもに性的な関心

を恥ずかしく思わせるべきではない。

1970年代以降の親は、我が子に教えたい行動や態度をみずから手本になって示してきた。だが、子どもがまだ自分では処理できない性的な刺激に、我が子をさらすことほど間違った手本はないだろう。

性的な要素が氾濫するアメリカ文化のなかで暮らす子どもは、過剰な刺激を受けやすい。自己愛が蔓延する時代には、大人が求めるレベルの性的な刺激が、子どもの健全な環境をむしばんでいる。過剰な性的刺激から我が子を完全に守ることは不可能にしろ、守ろうとする姿勢を示せば、ある程度の境界を築くことは可能だ。子どもはその境界を自己防衛のバリアとして、自分のなかに取り込むことができる。

親はもちろん愛情の手本を示すべきであり、子どもが性的な関心を抱くことも、自然なこととみなすべきだ。だが、勝手に侵入してくる情報や、ちょっとした暗示でさえ、子どもにとっては強烈な刺激である場合も多い。だから、我が子がまだ自分で処理できない影響を受けないよう、親はできるだけ防護してやらなければならない。

家庭で見聞きした情報によって、子どもが性的に過剰な刺激を受けることは、彼らにトラウマを残すできごとだ。子どもを犠牲にして親自身が満足を得るための、曖昧な境界のあらわれにすぎない。そのような環境で育った子どもは、早熟か、性的な面でも境界が曖昧な大人になってしまう可能性が高い。

間違った親の態度その7
自尊心を育てる方法は、子どもたち一人ひとりが「特別」であることを教え、「自分を肯定する言葉」を日頃から復唱させることだ。自分の価値を信じるために、特に何かを成し遂げる必要はないし、競争の悪影響はぜひとも避けるべきだ。

自信はどこから湧くのだろう。「自分にはできる」と、何度も自分に言い聞かせることからだろうか。それとも何かに挑戦して、実際にそれを成し遂げたという体験からだろうか。

自尊心も同じである。親や周囲に励まされて努力する時、子どもは自分の新たな能力を発見する。習得という体験を通して、自分の新たな一面と可能性とを発見する。失敗も挫折も貴重な学習体験であり、その経験を糧に、より強く成長でき、より現実的に自分を見つめられるようになる。自分の得意分野がわかれば、肯定的なアイデンティティも築きやすい。親の役割は、そのような機会を子どもに与え、彼らの努力を評価することにある。子どもが失敗した時にも、挫折を乗り越えるスキルを学べる環境をつくることである。

優れた能力や実績もないのに、ただ周囲の大人が特別だと褒めちぎっても、子どもはだまされない。**中身のない承認や肯定は自己愛を増大させ、真の自己の発達を妨げるだけだ。**

生まれてから独立するまでのあいだに、子どもにはたくさんのものごとを与えたり、教えたりする必要がある。愛情はもちろんのこと、一貫した育て方、価値観、適切な境界、思いやり、共感、そして大人という存在である。

そのほかにも、家族と家族でないものとの区別。我が家と呼べる場所。食べて眠る場所と時間。その家庭のルールや役割、責任。子どもに属するものと、属さないものとの区別。個人の境界と、それを破っても構わない相手や状況についての知識。他者も尊重される境界を持つという認識。お互いの要求を満たすために頼れる人が誰であり、傷ついたり病気になったりした時に慰め、怖い時や危険な時に守ってくれる人は誰か。日々の生活で必要なものを与えてくれる人や、自立するために必要な知識を教えてくれる人は誰か。これらすべての「知識」を合わせてはじめて、子どもは人生の境界を構成する。

親の仕事とは、これらの知識や価値体系を子どもに教え、必要に応じて維持したり変更したりすることだ。だが、まずは親自身が自分のために、その知識や価値を実践していなければならない。

親であるあなたの人生が混乱したものなら、その理由についてじっくり考え、解決に取り組もう。あなたに影響を及ぼすできごとや対人関係に境界を設けよう。そのあいだも、あなたは子どもにとって親である必要がある。そして、子どもを子どものままにしておかなければならない。それこそが、世代間の適切な境界というものだ。

あなたが親なら自己愛を防ぐ力になれる。そう、一度に子どもをひとりずつ。

文庫版訳者あとがき

「自己愛人間」とは、家庭や職場、日常生活のいろいろな場面で、「自分が特別で、すばらしい人間だという自分勝手な自己像を思い描き、その錯覚や幻想のなかで自己中心的に行動する人たち」を指します。彼らには「現実を歪曲する」「特別扱いを求める」「相手を利己的に利用する」「傲慢な態度で見下す」「境界意識に乏しい」などの特徴があります。そうかと思うと、「いつも人に褒めてもらわないと不安」で「ちょっとした批判にも深く傷つく」といった、不安定な一面も見られます。

著者は、アメリカで活躍する公認臨床ソーシャルワーカーです。セラピストとして活躍する彼女は、長年にわたって、自己愛の強い人たちの治療に携わってきました。自己愛が著しく肥大すると、米国精神医学会の診断基準である「ＤＳＭ」に基づいて、専門家が「自己愛性パーソナリティ障害」という診断を下すことがあります。ただし、そのように診断される人はまれで、１００人にひとり程度だといいます。でも、そこまで顕著ではなくても、〝自己愛の強いちょっと困った人たち〟が、あなたのすぐそばにいるかもしれません。

本書では、専門的な話題や研究者の考えをベースに、自己愛の7つの特徴、自己愛人間を生むメカニズム、彼らの行動の奥に潜む複雑な心理、自己愛の浸透した現代の文化などについて幅広く取り上げ、日常生活のなかで役立つ「サバイバル戦略」も紹介しています。

なかでも特に充実し、読者のみなさんの役に立つと思われるのが、その基本戦略をもとにした第4部ではないでしょうか。そのパートでは、「青春期の若者」「恋人やパートナー」「職場の上司や同僚」「歳を重ねた親」など、4つのタイプをテーマに、身近にいる自己愛人間とうまくつきあい、彼らの自己愛の毒から身を守る方法を、具体的な事例とともに丁寧に教えてくれます。

同じく第4部では依存症や共依存、強迫症状、そしてこのところ、日本でも非常に大きな社会問題となってきたドラッグの問題を、自己愛との関連から詳しくとらえ、その対処法にも触れています。これらの問題を自己愛と絡めて説明していく視点は新しく、発見や納得することも多いように思います。

さらに第5部では、現代の自己愛社会を冷静に分析し、よりよい未来に向けて、自己愛人間の増加を防ぎ、自己愛文化の蔓延に歯止めをかけるための、子育てや親業のヒントも詳しく紹介します。

本書は、自己愛の強い人との関係はもちろん、普段の人づきあいに悩んでいる方、人間の心理に興味のある方、現在、子育て中のお父さんやお母さん、あるいは「ひょっとしたら、自分は自己愛人間ではないか？」と密かに不安に思っている方まで、いろいろな立場にある、いろいろな目的を持った読者のみなさんの関心や疑問に応える1冊だと思います。

本書はもともと、2009年に草思社から単行本として刊行されました。当時はまだ「自己愛」という言葉自体が、あまり知られていませんでした。でもあれから10年という月日が経ち、そのあいだに自己愛や自己愛人間という言葉も少しずつ一般的になり、自己愛をテーマにした書籍も何冊か出版されるようになりました。世間を騒がせた通り魔事件や凄惨な殺傷事件を、自己愛の観点から読み解こうというアプローチも目につきます。また、ソーシャルメディアが日常生活に浸透するようになった今、「承認欲求」といった自己愛と関係の深いキーワードも、インターネットなどでよく見かけるようになりました。

そのような時代の変化も踏まえ、今回の文庫化にあたっては、より幅広い、おおぜ

い の方に手にとってもらいたいという思いから、翻訳全体を見直し、わかりやすい言葉や説明を心がけました。自己愛の特徴や自己愛人間の成り立ち方について、また自己愛の蔓延する今の時代や文化について理解を深めていただくとともに、自己愛人間とうまくつきあっていくためのアドバイスやヒントを、より役立てていただけるのではないかと願っています。

最後になりましたが、今回、文庫化の機会を与えて下さった草思社の藤田博氏に、この場を借りて感謝申し上げます。

２０１９年11月　訳者

＊本書は二〇〇九年に当社より刊行した著作を文庫化したものです。

草思社文庫

結局、自分のことしか考えない人たち

自己愛人間への対応術

2020年2月10日　第1刷発行
2023年5月5日　第4刷発行

著　者　サンディ・ホチキス
訳　者　江口泰子
発行者　碇 高明
発行所　株式会社 草思社
〒160-0022　東京都新宿区新宿1-10-1
電話　03(4580)7680(編集)
　　　03(4580)7676(営業)
　　　http://www.soshisha.com/
本文組版　有限会社 一企画
本文印刷　株式会社 三陽社
付物印刷　株式会社 暁印刷
製本所　加藤製本 株式会社
本体表紙デザイン　間村俊一

ISBN978-4-7942-2441-5　Printed in Japan